KB263838

철학자가 들려주는 철학 이야기 021~030권

아비투어 철학 논술 3

●

중급편

철학자가 들려주는 철학 이야기
아비투어 철학 논술 – 중급편 3

ⓒ 김성철, 이정배, 유성선, 송종인, 신정하, 심형규, 2011

초판 1쇄 인쇄일 | 2011년 6월 21일
초판 1쇄 발행일 | 2011년 6월 30일

지은이 | 김성철, 이정배, 유성선, 송종인, 신정하, 심형규
펴낸이 | 강병철
펴낸곳 | (주)자음과모음

주　　간 | 정은영
제　　작 | 장성준, 김우진
마 케 팅 | 박제연, 정지운
영　　업 | 조광진, 안재임, 강승덕

출판등록 | 2001년 5월 8일 제20－222호
주　　소 | 121－753 서울시 마포구 동교동 165－1 미래프라자빌딩 7층
전　　화 | 편집부 (02)324－2347, 총무부 (02)325－6047
팩　　스 | 편집부 (02)324－2348, 총무부 (02)2648－1311
e－mail | jmseries@jamobook.com
Home page | www.jamo21.net

ISBN 978－89－544－2684－8 (04100)
ISBN 978－89－544－2681－7 (set)

• 잘못된 책은 교환해 드립니다.

아비투어 철학 논술

중급편

3

㈜자음과모음

차례

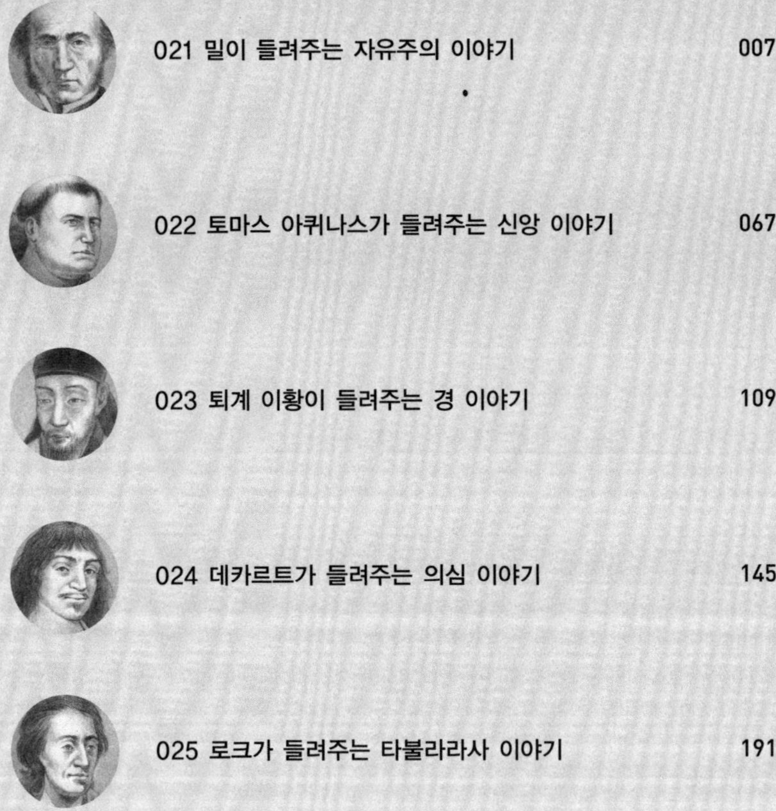

Abitur

밀이 들려주는 자유주의 이야기

저자_김성철

성균관대학교를 졸업하고 독일 괴팅겐 대학에서 철학과 박사 과정을 수료했다. 현재 아영교육
문화연구소 연구원으로 활동 중이다.

01강 공리주의자

case 1 '벤담'으로 대표되는 공리주의 철학자들은 당시 사회생활과 연관성을 갖고 당대의 흐름을 생각했다. 다음 글을 읽고 아래 물음에 답하시오.

18세기 말부터 시작된 영국의 공리주의적 생각은 19세기에 가장 발달하였습니다. 19세기 영국의 철학자들은 그 당시 사회생활과 직접적으로 관계가 있는 것에 대해서 많이 생각하였습니다.

이 시기 영국에서는 이미 산업혁명이 시작하여 계속 진행되고 있었습니다. 영국의 산업혁명은 돈이 많은 사람이나 땅을 많이 가지고 있던 사람들에게는 더 많은 돈을 벌 수 있는 기회였답니다. 그러나 공장에서 일하는 산업 노동자들은 여전히 가난에서 벗어나지 못했습니다. 산업혁명으로 농촌의 값싼 노동자들이 도시 공장으로 몰려왔기 때문입니다.

공장 주인은 더 값싼 노동자를 원했답니다. 결국 일할 사람은 많아지고 일자리는 부족하게 되었죠. 게다가 공장 주인은 물건을 비싼 가격으로 팔아 더 많은 이익을 남겼습니다.

이런 노동자들을 대신해서 노동자의 권리를 찾아 주고자 했던 사람들이 바로 영국의 공리주의 철학자들이랍니다. 그리고 그중 가장 대표적인 사람이 제레미 벤담입니다. 여러분이 잘 아는 '최대 다수의 최대 행복'이라는 말을 한 철학자죠.

존 스튜어트 밀의 아버지 제임스 밀도 벤담과 생각을 같이한 공리주의 철학자입니다. 벤담과 제임스 밀은 존 스튜어트 밀보다 앞서 공리주의를 주장하였습니다. 이들은 어떻게 하면 공장 노동자들이 그들 스스로의 권리를 찾을 수 있을까에 대해 많은 생각을 하였습니다.

공장에서 생긴 이익을 어떻게 하면 공장 주인만 갖지 않고 노동자와 나눌 수 있을까요? 물론 공장 주인은 월급을 주고 노동자를 부린다고 생각하겠죠. 하지만 공장에서 생긴 이익은 공장 주인 혼자만의 것이 아니랍니다.

벤담은 노동자에게도 같은 이익이 돌아가게 하기 위해서는 먼저 법을 바꾸어야 한다고 주장하였고, 노동자도 귀족이나 부자처럼 행복하게 살 권리가 있다고 강변하였습니다.

"어떻게 하면 영국의 가장 많은 사람들이 가장 행복할 수 있을까요?"

벤담은 이 문제를 놓고 고민하다가 사람이 행복하기 위해서 갖추어야 할 조건에 대해 이야기했고, 그 조건을 계산하여 행복 지수도 만들었답니다.

이러한 벤담의 노력으로 영국의 산업혁명은 성공적으로 끝났습니다. 그리고 노동자들과 공장 주인 모두 행복할 수 있는 방법을 찾았고요.

– 《밀이 들려주는 자유주의 이야기》 중에서

① 이러한 사상이 나타나게 된 시대적 배경은 무엇인지 서술해 보시오.

② 산업혁명이 진행되던 당시 영국의 노동자들은 장시간 노동, 열악한 거주 조건, 값싼 임금 등의 이유로 어려움을 겪었다. 이에 대해 벤담이 제시한 해결책은 무엇이었는지 서술해 보시오.

제임스 밀은 나라가 해야 할 일에 대해서 주장했답니다.

그는 사람의 행복은 두 가지로 나눌 수 있다고 말합니다.

첫째, 사람은 자기 스스로의 노력을 통해서 행복을 얻을 수 있습니다.

둘째, 사람은 다른 사람이 주는 행동의 영향에 따라 자신의 행복이 달라질 수 있습니다.

한 나라의 정치가들은 첫 번째 행복에 영향력을 발휘해도 될까요, 안 될까요? 제임스 밀은 어떤 정부도 자기 스스로 노력해서 얻은 행복을 방해해서는 안 된다고 주장합니다. 사람은 스스로의 노력에 의해 행복해질 수도 있고 불행해질 수도 있습니다. 그러나 정부나 다른 사람이 스스로 노력해서 얻은 행복을 빼앗을 자격은 없겠죠. 오히려 정부는 개인이 스스로 노력해서 얻은 행복이 더 좋은 행복이 될 수 있도록 도와주어야 합니다.

이 모든 것이 공리주의적 생각이 가져다준 결과입니다. 바로 이런 결과에 대해 제임스 밀은 아주 만족해했답니다. 그래서 자신의 아들 존 스튜어트 밀을 벤담의 뒤를 잇는 공리주의자로 키우기로 결심하였습니다.

– 《밀이 들려주는 자유주의 이야기》 중에서

생각 쓰기

산업혁명

산업혁명은 경제가 농업과 수공업에서 공업과 기계에 의한 대량생산 산업으로 변화하는 과정을 가리킨다. 이 개념은 영국의 경제사가(經濟史家)인 아널드 토인비(1852~1883)가 1760~1840년의 영국경제발전을 설명하면서 일반화되었다. 산업혁명은 18세기 영국에서 시작되어 다른 지역으로 확산되었다. 벨기에는 유럽 대륙에서 경제적으로 변모한 최초의 국가였는데, 철·석탄·섬유업을 중심으로 산업혁명이 전개되었다. 프랑스는 영국과 벨기에에 비해 더욱 완만하고 덜 철저하게 산업화가 진행되었으며, 독일은 산업혁명이 시작되자 공업 생산이 급속도로 증가하여 20세기 초를 전후하여 철강 생산 부문에서 영국을 앞질렀고, 세계적으로 화학공업 발전을 선도했다. 산업혁명에서의 기본적 사고는 오늘날까지 산업(기술)적인 면 뿐만 아니라 사회 경제적·문화적인 면에 이르기까지 커다란 변화를 가져온 원동력이라고 할 수 있다. 20세기 중반의 산업혁명은 중국과 인도 등, 그때까지 비공업화 지대에 속했던 국가들에까지 확산되었다.

02강 밀의 사회철학

 밀의 자유주의 사상은 '어떻게 하면 많은 사람이 많은 행복을 얻을 수 있는 정치제도를 만들 수 있는가' 라는 문제와 관련되어 있다. 다음 글을 읽고 아래 물음에 답해 보시오.

밀의 사회철학은 제1차 세계대전까지 유럽 자유주의자들의 생각을 대신하고 있을 정도로 아주 중요한 철학입니다.

한 나라의 정치제도는 어떻게 만들어질까요?

밀은 사람들의 일반적인 생각이나 심리 상태로 정치제도가 만들어지는 건 아니라고 말합니다. 한 사회의 문화 수준과 역사적으로 발달한 관습, 사람의 습관이 한 나라의 정치제도를 만드는 중요한 원인이라고 생각했고, 밀의 이러한 생각이 사회철학의 중요한 문제가 되었습니다.

무엇보다 밀은 사회철학을 위해서 개인의 의견, 개인의 자유, 그리고 행동의 자유를 중요하게 생각했습니다. 한 사람이 약간의 상식이나 경험을 갖고 있다면, 그 사람은 자신이 원하는 최고의 삶을 살 수 있다고 믿었습니다. 왜냐하면 한 사람의 상식이나 경험이 가장 좋은 것이 아니라, 그것을 바탕으로 그 사람은 자신이 살고 있는 사회에서 최고의 삶을 살 수 있기 때문입니다.

그다음으로 밀은 사회에서 공개적인 토론을 하지 못하는 것을 가장 큰 악으로 보았습니다. 왜 사람들은 토론을 하지 않을까요? 그렇습니다. 그런 사람들은 자신의 주장이 가장 옳다고 생각하기 때문입니다. 뿐만 아니라, 자신은 절대로 잘못을 저지르지 않는다고도 생각합니다. 또, 다른 사람이 토론하고자 하는 주제까지도 막으려고 합니다. 하지만 토론이야말로 의사 결정을 위해 꼭 필요한 치료제라고 밀은 생각했습니다. 그래서 남의 토론을 막거나 억제하는 사람은 또 다른 악을 저지른다고 보았던 것입니다.

– 《밀이 들려주는 자유주의 이야기》 중에서

① 밀이 정치제도를 만드는 중요한 원인이라고 생각한 것은 무엇이었는지 서술해 보시오.

생각 쓰기

----

② 이러한 사회철학을 위해 개인에게는 어떤 자유가 보장되어야만 하는지
서술해 보시오.

③ 이러한 사회철학을 위해 개인에게는 어떤 자유가 보장되어야만 하는지
서술해 보시오.

우리 사회의 관습이나 습관에는 교훈이나 속담, 혹은 격언과 같은 것들이 있습니다. 사람들은 이러한 교훈, 속담, 격언을 잘 받아들일까요, 아니면 잘 받아들이지 않을까요? 혹은 때에 따라서 받아들이기도 하고 아니기도 할까요?

밀은 항상 사람들이 교훈, 속담, 격언을 잘 받아들이지 않는다고 생각했습니다. 이런 교훈 같은 것도 잘 받아들이지 않는 사람들이 과연 다른 사람의 말을 받아들일 수 있을까요? 특히 자신을 반대하는 사람의 생각이나 말을 잘 들을까요? 아니겠죠?

밀은 개인적인 경험이나 상식을 통해서 볼 때, 사람들은 남의 말에 귀 기울이지 않는다고 생각했습니다. 그렇다면 사회나 개인에게 지식이나 지성을 가지게 하려면 어떻게 해야 할까요? 사회적으로 어떤 제도를 만들거나 검열 기관을 두면 될까요?

밀은 절대로 그런 것으로는 사회나 개인에게 지식이나 지성을 줄 수 없다고 생각했습니다. 그러면 어떻게 하면 될까요? 이때 바로 토론의 자유가 필요하다고 밀은 주장하고 있습니다.

밀은 사회를 위해서 토론의 자유를 중심으로 개인의 자유와 행동의 자유를 줄 것을 주장합니다. 하지만 행동의 자유는 개인의 자유만큼 주면 안 된다고 생각했습니다. 즉, 완전한 행동의 자유는 안 된다는 말이죠. 물론 여기서 말하는 완전한 행동이란 남에게 피해를 주지 않는 걸 뜻합니다.

남에게 피해를 주지 않는다는 것은 정부도 지켜야 할 내용입니다. 그렇게 된다면 정부는 개인보다 자유를 조금 덜 갖게 되겠죠. 이런 사회야말로 정부를 위해서 다행한 사회입니다. 때문에 정부는 법, 경찰, 법관을 동원해서라도 이런 정부가 되도록 노력해야 한다고 밀은 주장하였답니다.

이러한 생각이 밀의 사회철학에 관한 견해입니다.

- 《밀이 들려주는 자유주의 이야기》 중에서

생각 쓰기

"밀은 의견의 자유, 혹은 발표의 자유도 언론의 자유라고 생각하고 있었어요. 여러분, 이런 말을 들어 본 적 있나요? 모두가 '네' 해도 나 혼자만 '아니오' 라고 말할 수 있는 용기! 모두가 '아니오' 할 때, 혼자 '네' 할 수 있는 용기!"

"들어 봤어요!"

몇몇 아이들이 소리치며 대답했어요.

"밀은 벌써 오래전에 이런 주장을 했답니다. '어떤 진리에 대해서 100명 중 99명의 의견이 일치한다고 그것이 진리가 될 수 있을까? 99명의 의견에 의해서 1명의 의견은 침묵될 수밖에 없지만, 그렇다고 그 1명의 의견이 진실이 아니라고 누가 말할 수 있을까? 라고 말이죠."

"그렇지만 선생님, 그 1명의 침묵된 의견이 진실이 아닐 수도 있잖아요. 그렇다고 그 의견을 무시하고 99명의 의견만이 옳다고 할 수도 없겠지만요."

민석이가 말했습니다.

"혹시 여러분, 학급 회의 때 시간이 없다는 핑계로 학우들의 의견도 물어보지 않고 의제를 결정한 경험이 있나요?"

아이들이 여기저기서 웅성거렸습니다.

그런 적은 사실 아주 많답니다. 회의가 길어지면 청소도 늦게 하게 되고, 그러면 집에 늦게 가게 되니까, 대충 빨리 끝내자고 의견을 모아 일찍 마치곤 했거든요.

"아마도 많이 있을 거예요. 밀은 자유 토론이 필요하다고 했는데, 학급 회의 같은 곳에서는 자유 발표가 되겠죠? 그것도 언론의 자유라고 할 수 있으니까요. 한 사람의 의견이 진리인지 아닌지는 모든 사람이 함께 토론을 해 봐야 알 수 있는 것이죠. 다수의 의견이 모인다고 꼭 진리가 될 수 있는 것은 아니니까요. 그래서 밀은 한 사람의 의견이라도 놓치지 않기 위해 자유 토론을 해야 한다고 주장했어요. 그리고 그 자유 토론이 바로 언론의 자유의 기틀이라고 했고요. 그런데 자유 발표를 할 때 주위 분위기가 살벌하면 마음대로 발표를 할 수 있을까요?"

"아니오!"

(……)

"밀은 자유로운 의견 발표는 부드럽고 온화한 분위기 가운데서 이루어져야 한다고 했어요. 그리고 발표하는 모든 사람들에게 똑같이 공평한 조건이 주어져야 한다고도 했지요. 저도 그것에 동감이에요. 여러분의 학급 회의 분위기가 그렇기를 바랍니다."

갑자기 아이들이 조용해집니다.

– 《밀이 들려주는 자유주의 이야기》 중에서

① 진리를 말할 수 있는 자유, 그것은 모든 자유 중에서 으뜸이다. 밀은 '자유 토론이 필요하다' 고 했는데, 그 이유가 무엇인지 서술해 보시오.

생각 쓰기

②다수가 모은 의견이 반드시 진리가 아니라면, 한 사람의 의견이라도 놓치지 않
  으려는 노력은 어떤 점에서 중요한지 적어 보고, 자유 토론이 잘 되려면 어떤
  규칙들이 필요한지 적어도 두 가지 이상 서술해 보시오.

03강 밀의 《자유론》

1855년, 밀은 부인 해리엇과 함께 이탈리아 로마를 여행하던 중 국회의사당 계단에 앉아 많은 이야기를 나누었습니다. 그리고 이때 떠오른 생각을 중심으로 해리엇과 토론에 토의를 거쳐 한 권의 책을 발표하였는데, 이 책이 바로 유명한 밀의 《자유론》입니다.

밀은 이 책이야말로 자신이 쓴 책 중에서 가장 생명력 있고 오랫동안 읽힐 것이라고 했습니다. 그리고 그 말은 적중했답니다. 밀의 책 중에서 가장 유명한 책이 바로 이 《자유론》이니까요.

《자유론》은 자유의 중요성과 그 한계를 이야기한 자유주의에 관한 책입니다. 하지만 그렇다고 밀이 민주주의를 무조건 좋아한 것은 아닙니다. 민주주의가 너무 확대되면 문제가 생길 수 있다고 여겼습니다. 교육을 받지 못한 문맹자가 민주주의에서 너무 많아지면, 교육을 받은 몇몇 사람들을 다수결로 누를 수 있기 때문입니다.

그래서 밀은 《자유론》에서 소수의 의견을 존중할 것을 강조하고 있습니다. 이 생각은 벤담이나 아버지 제임스 밀의 생각과는 많이 다릅니다. 벤담이나 제임스 밀은 백성의 생각과 국회의원과 같은 정치가의 생각이 같으면 '최대 다수의 최대 행복' 이 이루어진다고 믿었지만, 밀은 적은 수여도 정치가의 의견이 존중되지 않으면 '공공의 행복' 이 쉽지 않다고 보았답니다. '최대 다수의 최대 행복', 즉 '공공의 행복' 은 한 사람 한 사람의 의견뿐 아니라 행동과 자유가 없다면 이루어지지 않는다는 것이지요.

그래서 공개적인 토론과 토론의 자유가 절대적으로 필요한 것입니다. 밀은 토론의 자유를 잠들어 있는 결정적인 생각을 깨우는 도구라고 했답니다.

또, 진리의 발견을 위해서는 언론의 자유가 꼭 필요하다고 밀은 《자유론》에서 말하고 있답니다. 진리의 발견이 없다면, 사회는 절대로 발전할 수 없습니다. 그렇기 때문에 사회의 발전을 위해서 언론의 자유는 꼭 필요한 것이죠.

– 《밀이 들려주는 자유주의 이야기》 중에서

생각 쓰기

case **2** 밀은 국가권력이 강해지면 시민의 자유가 제한된다고 생각하였기 때문에
시민 자신이 권리와 의견에 대하여 자유로이 말하고 행동할 수 있도록 교
육이 필요하다고 주장한다. 다음을 잘 읽고 아래 물음에 답해 보시오.

밀은 국가의 권력이 강해지면 질수록 백성은 자유롭지 못하다고 했습니다. 그래서 백성에게 교육이 필요하다고 강조했고, 좋은 교육을 받기 위해서 절대적으로 필요한 것은 토론의 자유라고 생각했답니다.

교육을 받은 사람은 자유롭게 자신의 의견을 말하고 행동할 수 있습니다. 물론 사람은 누구나 실수를 할 수 있기 때문에 자유로운 의견이나 행동에 실수가 있을 수 있지만, 이런 실수로 인한 행동이 현명한 행동이 아니라 할지라도 교육을 받은 사람은 결코 다른 사람에게 피해를 주는 행동이나 말은 하지 않습니다.

밀은 이렇게 남에게 피해를 주지 않는 범위 내에서의 자유로운 행동과 말은 허용하고 있답니다.

그럼 어쩔 수 없는 상황에서 남에게 피해를 준 사람이 있다면 어떻게 해야 할까요? 물론 법에 따라 벌을 받아야겠죠. 하지만 밀은 법에 따라 벌을 받는 것에 대해서도 부정적인 입장을 갖고 있답니다.

'최대 다수의 최대 행복'을 지향하는 공리주의 철학자들이 보는 시민의 행복은 정부나 사회의 권력이 시민의 권력보다 적을 때 가능합니다. 그렇기 때문에 시민의 잘못을 법이나 경찰의 힘으로 다루는 것은 좋지 않다고 보았답니다. 밀 역시 시

민의 입장에서 시민의 잘못을 다루어야만 '공공의 행복' 이 이루어진다고 믿었던 것이죠.

– 《밀이 들려주는 자유주의 이야기》 중에서

① 토론의 자유, 국가권력의 제한, 교육의 필요성, 이 세 가지는 서로 어떠한 연관성이 있는지 설명해 보시오.

②자유주의 입장에서 시민의 권력과 정부의 권력 사이에는 어떤 관계가 있는지
를 설명해 보시오. ('법에 따른 처벌' 의 예 참고)

안녕? 가을이가 기꺼이 내 동생이 되어 준다니 너무나 기쁘다. 이제 가을이가 내 동생이니 말을 놓아도 되겠지? 그런데 사실, 나는 안녕하지 못해. 가을이가 이제 내 동생처럼 편하게 느껴져서 그런지, 이곳에서는 용납되지 않는 투정도 부리는구나.

어제는 단체 기합을 받아서 몸이 무척 힘들단다. 무릎엔 멍이 들고 팔꿈치엔 피딱지가 앉았어. 내가 무슨 잘못을 했냐고? 그럴 리가. 난 군대에 잘 적응하고 있어.

사실은 휴가를 받은 장병이 부대 복귀 시간을 어겼어. 그날은 일요일이라 별다른 일이 없는 휴식 시간이었지. 우리는 텔레비전을 보거나 장기를 두면서 시간을 보내고 있었는데, 장병이 돌아와야 할 시간보다 한 시간이나 훨씬 지나서 돌아온 거야.

군대엔 엄격한 규칙이 있어. 아무리 사소한 것이라도 그것을 지키는 것이 우리의 의무라고 할 수 있지. 군대 생활을 잘하기 위한 규칙이니 조금은 불편하고 귀찮더라도 지키는 것이 모두의 생활을 편하게 해 주는 거야. 그런데 늦게 복귀한 장병은 자신의 잘못을 잘 모르고 있었어. 어차피 휴식 시간이고 차가 밀려서 늦게 돌아

올 수밖에 없었다고, 자신이 늦게 복귀한 사실을 말했어. 만약 훈련이 있다거나 교육이 있었다면 빨리 돌아오려고 노력했겠지만, 어차피 휴식 시간이니 조금 늦어도 상관없다고 생각한 거지.

소대장은 우리 내무반 병사가 모두 모인 자리에서 그 병사에게 잘못하지 않았느냐는 질문만 퍼부었어. 우리는 모두 긴장했지. 그 병사는 늦은 건 잘못했지만, 그럴 수도 있지 않느냐고 오히려 말대꾸를 했어. 어차피 휴식 시간은 자유로운 것이니 그 시간을 자유롭게 썼다고 생각하면 되지 않느냐고 말이야.

내가 생각해도 큰 문제는 없는 것 같았어. 물론 규칙을 지키지 않은 것은 잘못됐지만, 그것으로 누군가 손해를 보거나 부대에 문제를 일으킨 것은 아니니까. 그리고 그 정도의 자유는 허락되어야 하지 않을까 생각했지.

그런데 문제는 그다음이었어. 소대장은 휴가를 갔다가 늦게 귀가한 병사뿐 아니라 우리 내무반 병사 모두를 연병장으로 집합시키곤 다짜고짜 기합을 주었어. 병사들은 어리둥절했지. 왜 우리가 기합을 받아야 하는지 말이야. 하지만 소대장의 명령이 어찌나 무서운지, 우리는 아무 말 하지 못하고 기합을 받을 수밖에 없었어. 몇몇 병사들의 입에서 작게 불만이 터져 나올 때마다 기합은 더 세졌지. 힘이 들어 견딜 수 없게 되자 불만의 목소리조차 낼 수 없었어. 우리가 기합을 받는 건 늦게 복귀한 병사 때문이란 사실만 어렴풋이 느낄 뿐이었지.

기합이 끝나고 내무반으로 돌아왔을 때, 그 병사는 무척 미안해했어. 자신 때문에 다른 병사들이 기합을 받게 됐으니까. 그런데 기합을 받을 때와는 달리 어떤 병사도 그 병사에게 꾸지람을 하거나 불만을 늘어놓는 사람이 없었어. 그 병사는 더욱 미안해했지. 그리고 자신이 알아서 내무반의 사소한 일들을 했어. 그렇게 그날의 기합은 끝났지.

다음 날 저녁 휴식 시간에 우리에게 기합을 주었던 소대장이 과자와 음료수 등, 간식을 사 가지고 왔어. 우리는 조금 주눅이 들었지만 입 안에서 달콤하게 녹는 과자와 음료수에 곧 마음이 풀렸지. 소대장은 어제의 기합에 대해 말했어. 물론 늦게 복귀한 병사 때문에 부대에 큰 문제가 생긴 것은 아니지만, 군대도 하나의 사회이므로 개인의 자유를 주장하기 위해선 최소한 사회가 요구하는 의무를 지킬 필요가 있다고 했지. 무엇보다 단체 생활이 중요한 군대에서는 개인의 행동이 전체의 기강을 흔들어 놓을 수 있으므로, 아무리 사소한 거라도 그 규칙에 따라 행동해야 한다고. 그래야 다른 많은 병사들이 불편을 겪지 않고 생활하며, 개인의 생활이 아니라 국방을 책임지기 위해 모인 병사들이 그 의무를 다하여 결국 내 가족, 친구, 모든 국민이 안전하고 평화롭게 살 수 있다고 말이야. 단체 생활이니 한 개인에게 책임을 떠넘기지 말고 우리 모두의 잘못으로 여겨 함께 그 고통을 느끼자는 생각에서 단체 기합을 준 거라고 하더라고.

(……)

군대 이야기 재미없지? 뭐, 더 즐거운 이야기가 없나 고민해 보고 다음에 다시 편지할게. (……)

충성! 군인이자 영원한 가수 래인이

– 《밀이 들려주는 자유주의 이야기》 중에서

생각 쓰기

밀은 백성들이 왕으로부터 자신을 보호하는 것이 바로 자유라고 생각했습니다.

"에이, 왕으로부터 시민들이 어떻게 자신을 보호할 수 있겠어요?"

영훈은 말도 안 된다는 듯 손을 저었습니다.

"그래서 백성들은 힘을 모으기로 했답니다. 그 힘을 중심으로 왕의 권력을 제한
하기로 결정한 거죠. 그럼, 이렇게 왕의 권력을 제한하면 어떻게 될까요?"

"백성들에게 더 많은 자유가 생기지 않을까요?"

민주가 안경을 올려 쓰며 말했어요.

"맞아요. 왕이 갖고 있는 권력의 제한이 곧 백성들의 자유가 되는 것이지요. 이
렇듯 영국 사람들은 여러 가지 방법으로 왕의 권력을 제한하였습니다. 그리고 백
성들의 자유가 많아진 만큼 왕의 권한은 줄어들었습니다. 반대로 왕의 권한이 많
아지면 많아질수록 백성들의 자유는 적어지겠지요?"

아이들은 고개를 끄덕였습니다.

"그래서 밀은 '자유는 개인을 보호하는 무기'라고 했답니다."

정말 멋진 말인데요? 자유는 개인을 보호하는 무기라…….

－《밀이 들려주는 자유주의 이야기》 중에서

생각 쓰기

주요 개념 및 배경 지식

공리주의

    벤담과 밀에서 비롯된 공리주의는 행위의 목적이나 좋고 나쁘고의 판단 기준을 인간의 이익과 행복을 증진시키는 데에 두었다. 또한 모든 쾌락과 고통이 인간 행위에 동기를 부여한다고 믿었다. 다시 말하면, 어떤 행위는 행복을 증진시키는 경향을 가질 때 옳은 행위이고, 반대의 경우는 그른 행위이다. 행복이 인간 행위의 유일한 목적이기 때문에 행복의 증진은 모든 인간 행위를 평가하는 기준이라는 것이다.

04_강 밀의 윤리학

> **case 1** 밀은 〈공리주의〉라는 논문에서 행복의 조건에 대해 설명하면서, 올바른 행동과 그른 행동을 구분한다. 다음 글을 읽고 어떤 행동이 권장할 만한 것이고, 어떤 행동이 금지해야 하는 것인지에 대해 서술해 보시오.

1863년, 밀은 〈공리주의〉라는 논문을 발표합니다. 이 논문에서 밀은 행복의 조건과 행복에 대해서 다음과 같이 이야기하고 있습니다.

'행복의 조건이 무엇일까요?

행복이 늘어나는 행동은 좋은 행동이다.

행복이 줄어드는 행동은 나쁜 행동이다.'

이런 조건에 따라 나타난 행복은 무엇일까요?

'행복은 즐거운 것이며, 고통이라고는 조금도 없는 것을 의미한다.

반대로 고통은 행복이라고는 조금도 없는 것을 말한다.'

이런 생각은 벤담의 '최대 다수의 최대 행복'에서 이야기한 행복과 같습니다. 하지만 밀은 '최대 다수의 최대 행복'을 위해서 한 가지를 더 추가합니다.

벤담이 이야기한 것처럼 쾌락의 양만 가지고 쾌락을 결정할 수 있는 것은 아닙니다. 쾌락의 질에 대해서도 생각을 해야 합니다. 쾌락은 종류도 많지만, 그것을 얻는 방법도 여러 가지입니다. 그렇기 때문에 양만으로 쾌락을 평가한다는 것은 모순이죠.

밀은 이런 관점에서 다음과 같이 말하고 있습니다.

"어떤 종류의 쾌락이 다른 종류의 쾌락보다 더 좋고 더 가치가 있다는 사실을 인정하는 것은 결코 공리주의의 원리에 어긋나는 것이 아니다. 다른 일을 할 때는 양과 질을 다 생각하면서, 쾌락을 평가할 때만 양만 갖고 이야기하는 것은 잘못된 것이다."

밀의 이러한 생각은 벤담의 생각과는 조금 다릅니다. 벤담은 '최대 다수의 최대 행복'을 이야기하면서 쾌락의 양만 중요하게 생각했고, 쾌락의 질에 대해서는 이야기하지 않았습니다. 그렇다고 벤담이 쾌락의 질에 대해서 생각하지 않은 것은 아니지만요.

- 《밀이 들려주는 자유주의 이야기》 중에서

생각 쓰기

그럼 왜 밀은 벤담과 다르게 쾌락의 질도 중요하게 생각했을까요?

벤담이 살던 시절, 많은 노동자는 부자나 공장 주인으로부터 낮은 임금으로 학대받고 살았습니다.

벤담은 이런 사람들에게 행복을 가져다주고 싶었답니다. 그래서 가능한 많은 사람들에게 행복이 주어지는 것이 더 중요하다고 판단한 것입니다. 그래서 쾌락의 질보다 쾌락의 양을 더 중요하게 생각한 것이죠.

하지만 밀의 시대는 벤담의 시대와는 조금 달랐습니다. 산업혁명이 어느 정도 끝난 뒤라 영국의 노동자들은 자신의 의견을 말할 수 있었고, 또 권리를 주장할 수 있었답니다. 바로 밀이 주장한 교육으로 그렇게 된 것이죠.

쾌락의 질과 양의 차이는 교육을 받은 사람과 교육을 받지 않은 사람의 차이라고 생각하면 됩니다. 벤담의 시절 노동자들은 교육을 많이 받지 않았기 때문에 질적인 쾌락보다는 양적인 쾌락을 더 중요하게 생각했습니다. 맛있는 음식보다는 많은 음식이 더 필요한 시절이었던 거죠. 그러나 밀의 시대 노동자들은 많은 양의 음식보다는 맛있는 음식을 원했습니다.

이 모든 것이 교육이 가져다준 결과입니다. 밀의 아버지 제임스 밀이 강조한 교육의 중요성이 아들 밀 시대에 와서 이루어진 것이죠. 이러한 점 때문에 벤담이나 제임스 밀의 생각과 존 스튜어트 밀의 생각은 조금 다르게 나타난 것입니다.

그래서 밀은 다음과 같이 말하고 있답니다.

"배부른 돼지보다 배고픈 사람이 되는 것이 더 낫다. 배부른 바보보다는 배고픈 소크라테스가 되는 것이 더 낫다. 만약 돼지나 바보가 다른 생각을 가지고 있다면, 배부른 돼지나 배부른 바보의 가면만 알고 있다. 하지만 사람은 배부른 돼지와 배고픈 사람의 가면을 알고 있고, 소크라테스는 배부른 바보와 배고픈 소크라테스라는 두 가면을 모두 알고 있다."

– 《밀이 들려주는 자유주의 이야기》 중에서

생각 쓰기

"밀은 남의 행복에 방해되는 행동을 자유에 위배되는 행동이라고 했답니다. 이런 행동에는 어떤 것들이 있을까요?"

"민기는 점심시간에 큰 소리로 떠들면서 밥을 먹어요. 민기의 이야기가 재미있는데다가 수업 시간이 아니니 그냥 지켜보긴 하지만, 어떤 때는 입 안의 (……) 밥알이 튀기 때문에 싫어요. 결국 민기의 자유로운 행동이 제 행복을 방해한다는 것이지요. 흠흠."

유민이가 헛기침을 했습니다.

"야, 안 그러면 되잖아. 좋게 말했으면 내가 그런 행동을 했겠냐? 창피하게 그걸 이르냐?"

아이들이 웃으며 민기에게 괜찮아, 하고 위로해 주었습니다.

"그래요, 그런 자유로운 행동을 자제하면 되는 거예요. 반대로 민기가 큰 소리로 떠들면서 밥을 먹는 것은 유민이에겐 불행이지만, 민기에게는 행복일 수 있지요. 그럼 유민이가 민기에게 큰 소리로 떠들면서 밥을 먹지 말라고 이야기해도 될까요?"

"대답하기 좀 곤란한데. 남의 자유를 방해하면 안 되니까, 그것도 말할 수 없는 건가요?"

지훈이가 고개를 갸우뚱했습니다.

"그래요, 밀 역시 말할 수 없다고 했어요. 왜냐하면 유민이가 민기에게 그렇게 말하는 것은 자신의 행복이겠지만, 그런 소릴 듣는 민기는 행복하지 않을 테니까요."

"불행해요!"

민기가 불쌍한 척하며 말하자 아이들이 또 한 번 웃었습니다.

"그렇겠죠. 자신의 행복이 침해당했으니까요. 밀은 이렇게 개인이 하는 자유로운 행동에 대해서 남이 간섭하면 안 된다고 했답니다."

"아이, 그렇게 말씀하시니까 제가 너무 미안해지잖아요."

유민이가 고개를 푹 숙였습니다.

"그럼 도대체 어떻게 해야 한다는 거예요?"

영은이가 도저히 감을 잡을 수 없다는 듯 고개를 갸우뚱했습니다. (……)

"남의 자유로운 행동에 개입해서는 안 된다는 것을 안 유민이는 민기에게 큰 소리로 떠들면서 밥을 먹지 말라고 더 이상 말하지 않았어요. 그렇지만 여러분이 봤을 때 민기의 그런 행동은 좋은 행동일까요, 나쁜 행동일까요?"

"밥 먹는 예의로 볼 때, 그건 상식적으로 나쁜 행동이라고 할 수 있겠죠."

민석이가 마치 선생님처럼 말했습니다.

"그래요, 그건 분명 나쁜 행동이지요. 일반적으로 봤을 때 나쁜 행동은 해서는 안 돼요. 왜냐하면 도덕적으로 그릇된 행동이기 때문입니다. 밀이 이야기하는 자유에 뒤따르는 의무는 그릇된 행동을 하지 않는 것을 말하는데, 그것이 곧 도덕적 의무입니다. 남에게 해를 끼치는 자유로운 행동은 도덕적 의무를 위반하는 것이고, 도덕적 의무를 위반하는 사람은 사회적으로 욕을 먹지요. 그러나 도덕적 의무를 위반하였다고 법에 위배되는 것은 아니랍니다. 민기가 큰 소리로 떠들면서 밥을 먹었다고 벌을 받지는 않듯이 말이에요. 그렇지만 친구들로부터 좋지 않은 소리를 듣겠지요? 결국 자유에는 도덕적 의무가 뒤따르고, 그 도덕적 의무는 남에게 피해를 주지 않는 범위 내에서 나만의 자유로운 행동을 하여야 한다는 것을 뜻합니다.”

“선생님! 그게 바로 ‘공공의 행복’ 아닐까요? 모든 사람의 행복을 위해서 남의 행복을 침해하지 말아야 한다!”

나도 모르게 벌떡 일어나 큰 소리로 외쳤습니다.

– 《밀이 들려주는 자유주의 이야기》 중에서

생각 쓰기

"만족한 돼지보다는 불만족한 인간이 더 낫고, 만족한 바보보다는 불만족한 소크라테스가 더 낫다. (……) 그렇게 말한 사람이 누군지 아세요?"

선생님이 질문하자, 영훈이 고개를 절레절레 흔들었습니다.

"바로 밀이에요."

아이들은 아, 하고 감탄사를 연발하며 고개를 끄덕였습니다. 워낙 유명한 말이라 많이 들어 보긴 했지만, 사실 나도 누가 한 말인지는 몰랐거든요.

"사람들은 여러 가지 쾌락을 느끼면서 행복을 원하지요. 이런 여러 가지 쾌락에는 분명히 아주 나쁜 쾌락에서부터 아주 행복하고 좋은 쾌락까지, 여러 종류의 쾌락이 있을 거예요. 모든 사람은 자신만의 품위와 인격을 가지고 있는데, 이렇게 자신의 품위와 인격에 맞는 쾌락을 경험을 통해서 얻는 것을 질 좋은 쾌락이라고 보았답니다. 그래서 밀은 육체적 쾌락은 질이 나쁜 쾌락이고, 정신적인 쾌락은 질이 좋고 고상한 쾌락이라고 생각한 것이지요. 그 정신적 쾌락이야말로 모든 사람을 오랫동안 행복하게 해 주고, 개인의 행복뿐 아니라 다른 사람의 행복에까지도 영향을 미친다고 생각했어요."

(……)

래인 오빠가 가수 활동을 못하게 되고 군대에 간 것이 겉으로는 자유를 빼앗긴 것처럼 보이지만, 국가를 위한 일이잖아요. 그것은 '공공의 행복'을 위한 일이라고 할 수 있겠지요. 또, 가수 래인을 지켜보는 팬을 위한 일이며, 결국 자기 자신의 당당한 모습을 위한 것이니 질적인 쾌락 아니겠어요? 그래서 래인 오빠가 군대 생활을 긍정적으로 잘 해 나가고 있는 건지도 모르지요.

그렇다면, 나는? 나 역시 노을이를 돌보고 가정에 얽매여 자유를 빼앗겼다고 생각했지만, 그것이 아닐지도 몰라요. 그래요. 가정이 있어 내가 존재하고, 또 내가 존재해서 우리 가정이 있으니 나는 우리 가정의 아주 소중한 딸이지요. 지금 내가 하고 있는 일 역시 가정이라는 테두리 안에서 행복을 만들어 가는 과정일 거예요. 내가 가정의 한몫을 단단히 하고 있는 셈이니까요. 왠지 뿌듯한 느낌마저 드는걸요? 그리고 사실 노을이를 돌보는 일이 귀찮다고 느끼긴 했지만, 노을이 때문에 웃는 일이 더 많잖아요. 노을이의 해맑은 웃음이 우리 가정에 새로운 꽃으로 피어나 더 환한 웃음을 선물해 주었으니까요.

결국 나 김가을이 다수의 행복이 개인의 행복보다 우선시되는 '공공의 행복'의 진리를 깨달은 셈인가요? 히히!

– 《밀이 들려주는 자유주의 이야기》 중에서

생각 쓰기

주요 개념 및 배경 지식

소크라테스

소크라테스는 글을 남기지 않아서 그의 생활이나 이론은 주로 플라톤의 〈대화편〉과 크세노폰의 〈회고록〉에 근거해 알려졌다. 소크라테스는 주로 길거리와 시장, 특히 김나시온(고대 그리스의 단련장)에서 정치가·시인·예술가의 본분, 옳고 그름에 대한 생각 등에 대해 이야기하면서 지냈다고 한다.

나중에 소크라테스는 '젊은이들을 타락시키고', '도시가 숭배하는 신들을 무시하고 새로운 종교를 끌어들였다' 는 이유로 멜레토스에 의하여 고발되고 기소되어 유죄 판결을 받았다. 친구 크리톤이 탈출 계획을 꾸몄으나, 소크라테스는 판결이 사실과 어긋나지만 법정의 판결이므로 지켜야 한다며 독배를 마셨다. 그의 최후에 관한 이야기는 플라톤의 《파이돈》에 잘 기술되어 있다.

소크라테스의 말이라고 알려져 있는 "악법도 법이다" 라는 말은 오늘날에도 그 진정한 의미를 둘러싸고 법에 대한 끊임없는 반성을 불러일으키고 있다.

아비투어 철학 논술

예시 답안

case 1 ① 영국의 산업혁명은 돈이 많은 사람이나 땅을 많이 갖고 있던 사람들에게는 더 많은 돈을 벌 수 있는 기회였다. 그러나 농촌에서 이주한 산업 노동자들은 여전히 가난에서 벗어나지 못했다. 공장 주인은 더 값싼 노동자를 원했고, 산업혁명으로 농촌의 값싼 노동자가 도시 공장으로 몰려왔다. 결국 일할 사람은 많아지고 일자리는 부족한 현상이 발생한 것이다. 한편 공장 주인은 물건을 비싼 가격으로 팔아 더 많은 이익을 남겼다.

바로 이와 같은 가난한 노동자를 대신해 노동자의 권리를 찾아 주고자 했던 사람이 영국의 공리주의 철학자들이며, 그중에서도 대표적인 사람이 '최대 다수의 최대 행복' 이라는 말을 남긴 철학자 제레미 벤담이다.

② 벤담은 어떻게 하면 공장 노동자들이 자신의 권리를 찾을 수 있을까에 대해 많은 생각을 하였다. 그는 공장에서 생긴 이익을 어떻게 하면 공장 주인만 갖지 않고 노동자들과 나눌 수 있을지에 대해 고민하고, 공장 주인이 월급을 주고 노동자를 부린다고 해도 공장에서 생긴 이익은 공장 주인만의 것이 아니라고 생각했다. 때문에 노동자에게도 같은 이익이 돌아가게 하기 위해서는 먼저 법을 바꾸어야 하고, 노동자도 귀족이나 부자처럼 행복하게 살 권리가 있다고 주장하였다. 또 사람이 행복하기 위해서 갖추어야 할 조건을 제시하고, 그 조건을 계산하여 행복 지수도 만들었다. 이러한 벤담의 노력으로 영국의 산업혁명은 성공적으로 끝나고, 노동자와 공장 주인 모두가 행복할 수 있는 방법을 찾았다.

어떤 정부도 개인 스스로 노력해서 얻은 행복을 방해해서는 안 된다. 사람은 스스로 노력해서 행복할 수도 있고 불행할 수도 있지만, 정부라고 하더라도 개인이 스스로 노력해서 얻은 행복을 빼앗을 자격은 없다. 오히려 정부는 스스로 노력해서 얻은 개인의 행복을 더 좋은 행복이 될 수 있도록 도와주어야 하고, 개인의 행복을 증진하고 보장하기 위한 법을 만들어야 한다.

개인의 행복을 추구하기 위해서 반드시 필요한 자유는 자율적으로 목적을 선택하고 이의 실현을 위해서 스스로 행동할 수 있는 책임을 수반하는 적극적인 힘이다. 국가는 구성원들이 정신적, 물질적으로 인간다운 삶을 살 수 있도록 관심을 갖고 적극적으로 돌보아 개인의 권리가 침해받지 않도록 해야 한다. 개인의 가치와 존엄성을 존중하는 인권과 인류의 보편적 이상과 평등을 담고 있는 자유권의 보장은 자유 민주주의의 꽃이라고 할 수 있다.

주 제 탐 구 **02** 강 밀의 사회철학

① 밀은 사람들의 일반적인 생각이나 심리 상태로 정치제도가 만들어지지는 않는다고 말한다. 그는 한 사회의 문화 수준과 역사적으로 발달한 관습, 사람의 습관이 한 나라의 정치제도를 만드는 중요한 원인이고 사회철학의 중요한 문제라고 보았다.

② 밀은 사회철학을 위해 무엇보다 '개인의 의견, 개인의 자유, 그리고 행동의 자유' 를 중요하게 생각했다. 한 사람이 약간의 상식이나 경험을 갖고 있다면, 그 사람은 자신이 원하는 최고의 삶을 살 수 있다고 믿었다. 왜냐하면 한 사람의 상식이나 경험이 가장 좋은 것이 아니라, 그것을 바탕으로 그 사람은 자신이 살고 있는 사회에서 최고의 삶을 살 수 있기 때문이다.

③ 사람들이 토론을 하지 않는 이유는 자신의 주장이 가장 옳다고 생각하거나, 자신은 절대로 잘못을 저지르지 않는다고 생각하기 때문이다. 이런 사람은 다른 사람이 토론하고자 하는 주제까지도 막으려고 한다. 밀은 토론을 통해서 의견과 주장을 나누고, 적절한 의사 결정을 위해서 토론은 필요한 치료제라고 생각했다. 그래서 밀은 사회에서 공개적인 토론을 하지 못하거나, 남의 토론을 막거나 억제하는 것을 가장 큰 악으로 보았다.

case 2 밀은 개인적인 경험이나 상식을 통해서 볼 때, 사람들은 남의 말에 귀 기울이지 않는다고 생각했다. 그렇다면 사회나 개인에게 지식이나 지성을 가지게 하려면 사회적으로 그것을 위한 제도를 만들거나 검열 기관을 두면 될까, 라는 질문에 밀은 결코 그와 같은 방법으로 사회나 개인에게 지식이나 지성을 줄 순 없다고 생각하고, 토론의 자유와 필요성을 강조하여 주장하고 있다. 밀은 사회를 발전시키기 위해서는 토론의 자유를 중심으로 개인의 자유와 행동의 자유를 보장해야만 한다고 주장했다. 왜냐하면 생각과 행동의 자유를 전제로 한 토론이 가능할 때 솔직하고 진지한 의견 교환이 이루어지게 되고, 그 결과로서 모두가 받아들일 수 있는 행동의 자유의 한계가 정해질 수 있기 때문이다.

① 밀이 자유 토론이 필요하다고 한 이유는 한 사람의 의견이 진리인지 아닌지는 모든 사람이 함께 토론을 해 봐야 알 수 있는 것이고, 다수의 의견이 모인다고 꼭 진리가 될 수 있는 것이 아니기 때문이다. 그래서 한 사람의 의견이라도 놓치지 않기 위해서는 자유 토론을 해야 한다고 주장했다. 그리고 이 자유 토론이 바로 언론의 자유의 기틀이라고 생각했다.

② 어떤 주장에 대해서 대다수의 의견이 일치한다고 그것이 진리가 될 수 있을까? 활동 다수의 의견에 의해서 한 사람의 의견은 침묵될 수밖에 없다. 그렇다고 그 한 사람의 의견이 진실이 아니라고 누가 말할 수 있을까? 그렇다면 한 사람의 의견을 잘 듣고, 그것이 진실이나 사실이 아닌지는 오직 열려진 토론을 통해 모두가 확인하고 합의해야 한다.

자유로운 의견을 발표할 때, 분위기는 부드럽고 온화하여 강제나 억압이 없어야 한다. 그 내용이 어떠한 것일지라도 의견 발표를 협박하거나 위협해서는 안 된다. 그리고 발표하는 모든 사람들에게는 똑같이 공평한 조건(기회나 시간)이 주어져야 한다. 어떤 사람의 견해가 나와 다르다고 해서 그 사람에게 발언의 기회를 주지 않거나, 제한하거나, 발표를 중단시켜서는 안 된다.

case **1** 최대 다수의 최대 행복, 즉 공공의 행복은 개인에게 자신의 의견을 드러내는 자유와 자유로운 행동이 허락되지 않으면 이루어지지 않는다. 그러기 위해서는 공개적인 토론과 토론의 자유가 절대적으로 필요하다. 밀은 토론의 자유를 잠들어 있는 결정적인 생각을 깨우는 도구라고 했다.

case **2** ① 밀은 국가의 권력이 강해지면 질수록 시민은 자유롭지 못하다고 했다. 그래서 시민에게 교육이 필요하다고 강조하는데, 좋은 교육을 받기 위해서 절대적으로 필요한 것이 토론의 자유이다.

교육을 받은 사람은 자유롭게 자신의 의견을 말하고 행동할 수 있다. 물론 사람은 실수를 하기 때문에 자유로운 의견이나 행동에도 실수가 있을 수 있다. 비록 이런 실수로 인한 행동이 현명한 행동이 아니라 할지라도, 교육을 받은 사람은 결코 다른 사람에게 피해를 주는 행동이나 말은 하지 않는다.

밀은 이렇게 남에게 피해를 주지 않는 범위 내에서의 자유로운 행동과 말은 허용하고 있다.

② 어쩔 수 없는 상황에서 남에게 피해를 준 사람이 있다면 어떻게 해야 할까? 물론 법에 따라 벌을 받아야겠지만, 밀은 법에 따라 벌을 받는 것에 대해서도 부정적인 입장을 갖고 있다.

시민의 행복은 정부나 사회의 권력이 시민의 권력보다 적을 때 가능하다고 생각했기 때문에, 공리주의 철학자들은 시민의 잘못을 법이나 경찰의 힘으로 다루는 것은 좋지 않다고 보았다. 밀은 시민의 입장에서 시민의 잘못을 다루어야만 공공의 행복이 이루어진다고 믿었다.

case 3 군대도 하나의 사회이므로, 개인의 자유를 주장하기 위해선 최소한 사회가 요구하는 의무를 지킬 필요가 있다. 무엇보다 단체 생활이 중요한 군대에서는 개인의 행동이 전체의 기강을 흔들어 놓을 수 있으므로, 아무리 사소한 것이라고 해도 그 규칙에 따라 행동해야 한다. 그래야 다른 많은 병사들이 불편을 겪지 않고 생활하며, 국방을 책임지기 위해 모인 병사들이 그 의무를 다하여 결국엔 내 가족, 친구, 모든 국민이 안전하고 평화롭게 살 수 있기 때문이다. 따라서 단체 생활이니 한 개인에게 책임을 떠넘기지 않고 모두의 잘못으로 여겨 그 고통을 함께 느끼자는 생각에서 단체 기합을 준 것이다.

반대로 늦게 복귀한 병사 때문에 부대에 큰 문제가 생기는 것도 아니고, 한 사람의 잘못과 실수 때문에 아무런 잘못도 하지 않은 사람들에게까지 공동의 책임을 묻는 것은 부당하다. 특히 귀대 시간에 늦은 이유는 다양한데, 부대에 남아 있던 다른 병사들이 어떻게 책임질 수 있고 감당할 수 있겠는가.

case 4 밀은 시민들이 왕으로부터 자신을 보호하는 것이 바로 자유라고 생각했다. 영국 사람들은 스스로 힘을 모으고, 그 힘을 중심으로 왕의 권력을 제한하기로 결정했다. 왕이 갖고 있는 권력의 제한이 곧 시민들의 자유의 확장이었기 때문이다. 그들은 여러 가지 방법으로 왕의 권력을 제한하였고, 시민들의 자유가 많아

진 만큼 왕의 권한은 줄어들었다. 이런 의미에서 밀은 '자유는 개인을 보호하는 무기'
라고 했다.

주 제 탐 구 **04** 강 밀의 윤리학

case 1 '최대 다수의 최대 행복'으로 요약되는 공리주의 도덕의 핵심은 행복이 늘
어나는 행동은 도덕적으로 좋은 행동이기 때문에 권장해야 하고, 행복이
줄어드는 행동은 도덕적으로 나쁜 행동이므로 금지해야 한다는 것이다. 다시 말하면,
어떤 행동을 했을 때 그 결과가 많은 사람들에게 만족과 행복을 준다면 그 행위는 도
덕적으로 권장하고 장려해야 하며, 그 반대의 경우에는, 즉 어떤 행동이 많은 사람들
에게 불쾌감과 불행을 가져다준다면 그 행위는 금지되거나 허용되어서는 안 된다는
것이다. 이 사상은 행동의 동기나 의도보다는 그 결과가 어떤 것인가에 더 주목하는
입장이다.

case 2 벤담이 살던 산업혁명 초기에 농촌에서 도시로 일자리를 찾아온 많은 노
동자들은 당시 대토지를 소유했던 부자나 공장 주인으로부터 낮은 임금과
장시간 노동으로 고통을 받고 살았다. 벤담은 이런 사람들에게 행복을 가져다주고 싶
었다. 그래서 가능한 많은 사람들에게 행복이 주어지는 것이 더 중요하다고 판단하
고, 쾌락의 질보단 쾌락의 양을 더 중요하게 생각한 것이다.

밀의 시대는 산업혁명이 어느 정도 끝난 시기였다. 그가 주장한 교육의 효과로 영국의 노동자들은 자신의 의견을 말할 수 있었고, 또 자신의 권리를 주장할 수 있었다. 비유적으로 말하자면, 벤담이 살던 시기의 노동자들은 맛있는 음식보다는 많은 음식을 더 필요로 했었고, 밀의 시대 노동자들은 많은 양의 음식보다 맛있는 음식을 원했다.

밀은 정신적 쾌락이 육체적, 감각적 쾌락보다 더 고귀한 것이라고 생각했다. 질적으로 높은 수준의 쾌락을 원하는 것이 보다 많은 개인의 행복을 의미하는 것이기에 밀은 '배부른 돼지보다 배고픈 인간이 되는 것이 낫고, 배부른(물질적으로 풍요로운) 인간보다 배고픈(하지만 현명한 철학자) 소크라테스가 되는 것이 낫다' 고 주장했다.

case 3 밀이 이야기하는 자유에 뒤따르는 의무는 그릇된 행동을 하지 않는 것을 말한다. 그것이 곧 도덕적 의무이기 때문이다. 자유와 도덕적 의무에서 남에게 해를 끼치는 자유로운 행동은 곧 도덕적 의무를 위반하는 것이다. 그리고 도덕적 의무를 위반하는 사람은 사회적으로 욕을 먹거나 좋지 않은 소리를 듣게 된다. 결국 자유에는 도덕적 의무가 뒤따르고, 그 도덕적 의무는 남에게 피해를 주지 않는 범위 내에서 나만의 자유로운 행동을 하여야 한다는 것을 뜻한다.

case 4 인간은 누구나 태어날 때부터 쾌락을 추구하고 고통을 피하려는 경향을 가진다. 일반적으로 쾌락이란 인간의 욕구가 충족되는 상태를 말하는데, 쾌락의 양과 질의 차이는 개인의 교육 정도에 따라 달라질 수 있다. 행복의 조건 또한 개인에 따라서 차이가 나므로, 정신과 육체의 우월성을 논하기 위해서는 그 개인이 처한 상황을 우선 고려해야만 한다. 예를 들면, 배고픔으로 죽음에 직면한 사람에게는 정신적인 쾌락보다는 무엇보다 육체적인 욕구를 해결하는 것이 우선이다. 그러나 일반적으로 극한 육체적인 상황을 배제한다면, 인간은 자유를 동경하고 창조적인 행위에 기쁨을 느끼는 정신적인 존재로 파악될 수 있을 것이다. 밀은 자신의 품위와 인격에 맞는 정신적인 쾌락을 질적인 쾌락, 고상한 쾌락이라고 했다.

벤담이 살던 시기의 노동자들은 교육을 많이 받지 않았기에 질적인 쾌락보다는 양적인 쾌락을 더 중요하게 생각했다. 부자나 공장 주인으로부터 낮은 임금으로 학대받고 살았던 노동자들에게는 맛있는 음식보다 많은 음식이 더 필요했다. 그러나 밀의 시대 노동자들은 교육을 통해 많은 양의 음식보다는 맛있는 음식을 더 원했다.

벤담이 살던 시절과는 달리 산업혁명이 어느 정도 끝난 이 시기의 영국 노동자들은 자신의 의견을 말할 수 있고 권리를 주장할 수 있었기 때문에, 자신의 품위와 인격에 맞는 질적인 쾌락을 더 중요하게 생각했다.

철학자가 들려주는 철학이야기 022

토마스 아퀴나스가 들려주는 신앙 이야기

저자_이정배

강원대학교 물리학과를 졸업하고 감리교신학대학교 대학원에서 석사 학위를 받았다. 현재 강원대학교 국어국문학과 박사 과정 중에 있고, 춘천 YMCA, YWCA 독서 지도사 자격 과정 전임 강사로 활동하고 있으며, 2004년과 2005년에 강원청소년영화제 심사 위원장과 2005년 FISH EYE 국제영화제 심사 위원장을 역임했다.

결심했어!
베네딕토 수도원
도미니크 수도원

01강 신앙과 계시

"하지만 신앙이란 것을 과학적으로 증명할 수 있을까?"

관심 없는 듯 듣고 있던 마리오가 끼어들었어. 마리오도 토마스의 이야기를 듣다 보니 궁금했나 봐.

"물론 신앙은 과학적 지식에 비해서 정확성은 없다고 볼 수 있지."

"음. 토마스 오빠가 뭘 말하는지, 나도 조금은 알 것 같아. 속견은 상식이니까 참되거나 거짓된 것과는 상관없이 그냥 생활에 편리한 앎이라는 거지? 그런데 토마스 오빠가 말하는 신앙은 도대체 뭐야? 좀 더 뚜렷하게 알 수는 없을까?

"내가 말하는 신앙은 기독교 신앙이야."

토마스는 눈을 반짝거리며 말했어. 마리엘이 자기를 오빠라고 말해 준 데다가 마리오마저 토마스의 얘기에 귀 기울였기 때문이야.

"신앙은 신의 계시를 받아들이는 활동이야."

"계시? 계시가 뭔데?"

"계시란 사람의 지혜로는 알 수 없는 진리를 신이 깨우쳐 주는 걸 말하는 거야."

“아……, 그렇구나.”

마리오는 토마스에게 들키지 않게 작은 소리로 중얼거렸어.

“신(하나님)은 자연 세계보다 더 위에 있기 때문에, 신의 계시 역시 인간의 앎의 능력보다 한 수 위야. 인간은 스스로를 만물의 영장이라고 하면서 으스대지만 하루살이나 갈대처럼 단지 신이 만들어 낸 존재일 뿐이잖아?”

-《토마스 아퀴나스가 들려주는 신앙 이야기》 중에서

생각 쓰기

1 계시

　신이 자신의 계획과 뜻을 인간에게 알려 주는 일을 말한다. 계시의 방법에는 크게 두 가지가 있다. 하나는 자연을 통해 신의 의도를 알려 주는 자연 계시이고, 다른 하나는 신이 육화(incarnation)된 형상인 예수그리스도를 통한 특별 계시가 있다. 자연 계시는 자연의 변화와 흐름을 통해 신이 존재의 의미를 간접적으로 알리는 것을 말하고, 특별 계시는 인간의 구원을 위해 인간의 모습으로, 형상화된 존재를 통해 알리는 것을 말한다.

2 상식

　일반인이 일반적인 판단력과 사리 분별력으로 습득할 수 있는 지식이다. 깊은 고찰이나 치밀한 분석에 의하지 않고도 많은 사람이 받아들일 수 있는 지식으로, 중세에는 철학을 비롯한 일반적 지식을 모두 상식이라고 정의했다.

3 성육신

　기독교에서는 《성경》에 근거하여 성육신을 '말씀이 육신이 되었다' 고 정의

한다. 진리인 말씀(로고스)이 눈에 보이는 구체적인 형상(육체)으로 나타나게 되었다는 의미이다. 초월적인 신이 자신의 뜻과 계획을 인간에게 알려 주기 위해 직접 인간의 모습으로 이 세상에 온 사건을 말하기도 한다.

02강 종교란 무엇인가?

"너무 걱정하지 말고 아까 하던 얘기를 계속해 줘. 신앙도 여러 종류인데 오빠는 왜 하필 기독교 신앙만을 신앙이라고 말하는 거야?"

"나도 이미 그런 질문을 스스로 던져 보았어. 물론 네가 말한 것처럼 신앙도 여러 가지야. 좀 어려운 이야기지만 신앙에는 우선 자연종교의 신앙이 있어. 문화가 발달하기 전에 살았던 사람들, 즉 원시인들은 주로 자연 대상이 아주 큰 힘을 가지고 있다고 믿고 그런 대상을 위해 성대한 제사를 치렀어."

"자연 대상? 태양이나 곰, 호랑이나 나무를 말하는 거야?"

"그렇지."

"아! 그래서 그랬구나. 가끔씩 마을에 사는 사람들이 보름달에게 소원을 비는 것을 보았어."

"그래. 그게 바로 자연종교의 신앙이야."

"다음으로 민족종교의 신앙을 말할 수 있어. 다 그런 건 아닐지라도 대부분의 민족들은 오직 자기 민족만을 지켜 주는 신이 있다고 믿어. 유대인은 야훼를 믿지.
마지막으로 세계종교의 신앙을 말할 수 있어. 종교들 중에서 가장 완성되고 인간
의 차별을 없앤 종교가 세계종교야. 세계종교에는 크게 도교, 유교, 불교, 기독교,
이슬람교 등을 꼽을 수 있지."

–《토마스 아퀴나스가 들려주는 신앙 이야기》 중에서

1 자연종교

크게 두 가지 개념으로 사용되고 있다. 하나는 문화적 입장에서 본 것으로 원시적 미개 종교를 말한다. 자연 숭배와 같은 뜻으로 사용되기도 한다. 다른 하나는 인간의 이성에 근거한 종교라는 의미로 사용된다. 계시종교와 상대적인 종교로, 인간의 이성과 통찰에 바탕을 둔 종교라는 의미를 지니고 있다.

2 민족종교

종교학에서 분류할 때, 특정한 민족이나 인종만이 믿는 종교를 일컫는다. 같은 문화양식을 공유한 혈연이나 지연의 결합성이 강한 민족이나 인종에게서 볼 수 있는 종교현상이다. 불교, 기독교, 유교, 이슬람교 등과 같은 세계종교와 상대적인 개념으로 사용되지만, 경계가 분명한 것은 아니다. 대부분의 세계종교가 민족종교에서 출발하여 발전하였기 때문이다.

3 세계종교

자연종교나 민족종교와 대별되는 보편적 종교를 말한다. 높은 윤리관을 기초로 인생의 근본적 문제를 고민하고 이를 극복하려는 가르침을 갖고 있다. 역사적으로 오랜 기간 동안 여러 어려움을 겪으면서도 꾸준히 확장해 왔다. 민족적, 인종적, 계층적 차별을 금지하기 때문에 국경과 문화 경계를 넘어 넓은 지역에 분포하고 있다.

4 배타성

어떤 집단이 혈연, 지연, 이데올로기 등에 의해 강하게 결합하다 보면 다른 집단에 대해 적대적인 감정이 드러날 수 있다. 자신의 집단만을 절대시하고 다른 집단을 무시하는 태도나 감정을 말한다.

"와, 기독교 말고도 많은 종교가 있네? 오빠 얘기를 들으니까 종교가 과연 어떤 것인지 귀에 쏙쏙 들어와서 굉장히 재미있어. 그런데 오빠는 왜 여러 가지 세계종교들 중에서 기독교의 신앙만을 고집하는 거야?"

"앞에서 말한 자연종교나 민족종교보다 완성되고 통일된 세계종교가 되기 위해서는 몇 가지 조건이 꼭 필요해. 우선 세계종교는 많은 사람들에게 인정을 받아야 해. 그리고 세계종교는 초월적 대상, 즉 하나님, 알라나 부처님과 같은 믿을 수 있는 대상과 깨달음이나 도를 가지고 있어야 하지. 다음으로 종교를 믿는 신앙 집단이 있어야 해. 마지막으로 자신을 설명하고 알릴 수 있는 이론을 가져야만 해. 이렇게 봤을 때 물론 여러 종류의 세계종교들이 있지만, 나는 기독교가 가장 완전한 조건들을 가지고 있다고 생각해."

-《토마스 아퀴나스가 들려주는 신앙 이야기》 중에서

생각 쓰기

Note& guide   주 요 개 념 및 배 경 지 식

1 초월적 대상

인간은 자신의 한계를 넘어선 대상에 대해 두려움을 갖는다. 두려움을 극복하기 위해 숨거나 달아나는 경우도 있지만, 대부분은 두려움을 극복하려고 한다. 두려움은 상대에 대한 무서움으로 나타나기도 하지만 때론 그러한 감정이 존경심으로 변화하기도 한다. 이러한 존경심을 경외심이라고 하며, 이 경외심은 신앙으로 변하기도 한다. 이때 상대는 초월적 대상이 된다.

2 신앙 집단

같은 초월적인 대상을 섬기는 무리들의 모임을 의미한다. 종교는 집단을 이루면서 발전한다. 처음 공동의 초월적 대상을 섬기는 이들이 모여 집단을 이루게 되었고, 점차 시간이 지나면서 경배하는 방법과 교칙 그리고 집단의 틀을 형성하는 조직과 체계가 생겨나게 되었다.

3 교리

종교는 두 가지 방향성을 가지고 있다. 하나는 내적인 방향성으로 신도들을 결집하려는 노력이다. 다른 하나는 외적인 방향성으로 집단의 규모와 크기를 넓히기 위한 노력이다. 이들 방향성을 만족시켜 주기 위해서는 가르침이 필요한데, 이를 위해 정교하게 짜인 논리를 교리라고 한다. 따라서 교리는 경전과 달리 논리적이며 철학적이다.

03강 신은 존재하는가?

"신앙은 신의 말씀에 대한 믿음이고 이성이란 인간의 생각하는 능력을 말하는 것입니다. 믿음과 이성을 비교한다면 당연히 믿음이 앞선다고 생각하는 것입니다. 자세히 말하자면 하느님이 존재한다든가, 신은 모든 것을 다 할 수 있다든가, 신은 한 분만 계시다는 것을 증명하기 위해서는 두 가지 방법이 있습니다."

"어떤 방법이지?"

"하나는 철학자의 방법이고 다른 하나는 신학자의 방법이 있습니다. 인간의 생각하는 능력에 의해서 증명한다면 그것은 철학자의 방법이고 성경을 바탕으로 증명한다면 그것은 신학자의 방법이라고 할 수 있습니다."

토마스는 말도 더듬지 않고 술술 얘기해 나갔어. 워낙 토마스가 똑똑하기도 했지만 토마스는 아버지 앞에서 그동안 자기가 배운 것을 뽐내고 싶었던 거야. 그게 아버지에게 마지막으로 해 줄 수 있는 일이라고 생각했던 거지. 아버지는 아픈 기색을 참고 미소를 지으며 말했어.

-《토마스 아퀴나스가 들려주는 신앙 이야기》 중에서

생각 쓰기

1 신의 존재 증명

철학의 주제 중 하나가 신의 존재에 대한 것이다. 철학에서 신의 존재를 다루는 것은 신의 의미가 다양하고, 그것에 대한 해석에 따라 다양한 이론이 추론될 수 있기 때문이다. 신은 절대자를 의미하며 이것은 인간이 추구하는 궁극적인 목표 또는 그것을 넘어선 절대적 진리를 의미한다. 절대적 존재에 대한 증명이 중요한 것은 있느냐 없느냐 하는 물음의 차원을 넘어 그것이 무엇이냐 하는 물음이기 때문이다.

2 방법론

넓은 의미로는 논리학의 한 부분이다. 오래된 방법론으로는 소피스트의 방법과 소크라테스의 방법론이 있으며 아리스토텔레스 역시 그의 저서《형이상학》에서 방법론에 관한 이야기를 했다. 중세에는 토마스 아퀴나스에 의해 신학적 방법과 철학적 방법의 차이점이 논의되었다. 현대인이 '방법론' 이라는 이름에 관심을 가진 것은 주로 과학적 방법론이다. 근세에 들어와 새로운 인식 방법으로 자연과학이 등장함에 따라 많은 철학자들이 이 새로운 학문 방법론을 시도하고 있다.

3 《성경》

성스러운 책이라는 뜻으로 모든 종교의 경전을 일컫는 일반 명사이다. 그러나 기독교가 서구에 미친 영향력이 크기 때문에 특별한 언급이 없는 한, 기독교의 경전만을 지칭하고 있다.

기독교의 성경은 예수그리스도 탄생 이전과 이후를 정점으로 구약과 신약으로 구분하고 있고, 그 속에는 여러 명이 쓴 저작이 들어 있다. 기독교에서는 신의 계시에 의해 쓰여진 절대적인 책으로 믿고 있다.

"그럼 첫 번째 문제를 내기에 앞서, 형들에게 먼저 질문을 해 볼게. 비토 형, 형
은 인간들이 얼마나 많은 지식을 가지고 있다고 생각해?"

"그, 그야, 인간들은 그동안 계속해서 추리한 결과 많은 지식을 얻었지."

"예를 들면 어떤 지식?"

"그, 그야, 옷감을 짜는 방법이나, 집을 짓는 법 같은 것은 인간이 많은 연구를
해서 얻어 낸 지식이잖아."

"그래, 그건 형 말이 맞아. 그런데 물질이 아닌 것에 대한 지식은?"

"물질이 아닌 것? 그게 무슨 말이지?"

"형은 제일 큰 형이면서 그런 것도 몰라? 물질이 아닌 것, 그러니까 사랑이나,
영혼, 기쁨 같은 것 말이야."

넷째 형인 프랑코가 비토에게 창피를 주며 말했어.

"맞아, 프랑코 형. 그게 바로 물질이 아닌 것들이야. 내가 더 많은 예를 든다면
성서에 나오는 천사, 신과 같은 존재도 물질이 아닌 것이지. 눈에 보이는 것은 물
질이지만 눈에 보이지 않는 것들은 물질이 아닌 것, 즉 비물질이라고 할 수 있어.
그런데 프랑코 형, 우리는 신이나 천사, 영혼 같은 것들은 본 적도 없는데 어떻게
그것들이 있다는 것을 알까?"

"글쎄, 그건 나도 잘······."

"이게 바로 내가 형들에게 내는 첫 번째 문제야. 우리가 눈에 보이지 않는 영혼이나, 신, 천사 같은 것들을 어떻게 알았을까? 오늘 하루 동안 시간을 줄게. 책을 찾아봐도 좋고, 형들이 서로 의논해서 말해도 좋아. 그럼 난 오늘 해 질 무렵에 다시 올게."

−《토마스 아퀴나스가 들려주는 신앙 이야기》 중에서

생각 쓰기

1 물질

철학에서 말하는 물질은 인간의 정신에 대응하여 그 의식 바깥에 존재하는 것을 말한다. 원래 이 말은 목재·건축 용재 등 사물이 만들어지는 '재질(材質)'을 의미하였다. 즉 '사물을 구성하는 소재'를 의미한다. 물질은 보이지 않는 영혼이나 정신, 신에 대응되는 단어로 사용된다.

2 비물질

아리스토텔레스 이후 논의되는 철학적 개념 중의 하나이다. 존재를 질료와 형상으로 구분할 때, 대부분의 물질은 질료와 형상을 갖추고 있지만 천사나 영혼 같은 비물질적 존재는 질료는 없고 형상만 있다고 토마스 아퀴나스는 주장한다.

3 다섯 가지 감각(오감)

시각·청각·후각·미각·촉각 등의 다섯 가지 기본 감각을 일컫는 말이다.

시각의 감각기관은 눈이고 수용 도구는 망막이다. 청각의 감각기관은 귀이며 수용 도구는 달팽이관 속에 들어 있다. 후각의 감각기관은 코로서 수용 도구는 비점막 속에 자리하고 있다. 미각은 입을 통해 감지되며 수용 도구는 혀의 미뢰 속에 감추어져 있다. 촉각은 피부를 통해 감지되는데 피부 세포 전반에 걸쳐 수용 도구가 분산되어 있다.

04강 미루어 짐작한다?

파올로 형은 더듬거리며 말을 이어 갔어.

"배가 너무 고파서 꼬르륵 소리가 난단 말이야. 이건 분명히 우리 신체가 존재하고 있다는 증거잖아?"

역시 먹는 것에는 빠지지 않는 파올로였어.

"그렇지."

토마스는 얼굴에 미소를 띠며 대답했어.

"그러면 우리 신체의 주인은 누구겠어. 바로 영혼이겠지. 누가 내 파이를 빼앗아 간다면 난 무지 슬플 거야. 그런데 그건 몸이 느끼는 것이 아니라 바로 영혼이 느끼는 거잖아. 그런데 영혼이 어떻게 생겼는지 보이지는 않아. 피자처럼 동그랗게 생겼는지, 비스킷처럼 네모나게 생겼는지, 아니면 캐러멜처럼 끈적끈적한지. 하지만 여러 가지 사실로 미루어 볼 때 영혼이 있다는 것은 알 수 있어. 그래서 결론은……."

어느새 파올로의 말을 비웃고 있던 다른 형제들도 귀를 쫑긋 세우며 파올로의 말을 듣고 있었어. 파올로가 결론을 내리려고 하자, 모두 긴장하는 분위기였지.

"결론은?"

"눈에 보이지는 않지만, 영혼이 있다고 말할 수 있는 이유는 미루어 짐작할 수 있기 때문이라고!"

파올로는 핏대를 세우며 크게 외쳤어. 뭔가 중요한 것을 기대하고 있던 다른 형들은 파올로의 말에 크게 웃기 시작했어.

(중략)

토마스는 형들의 웃음이 그치기만을 기다리고 있다가 입을 열었어.

"파올로 형의 말이 맞아."

"뭐?"

"뭐라고 토마스? 파올로가 그럼 정답을 맞혔단 말이야?"

"정답을 분명하게 맞히지는 않았지만, 정답에 가까워. 형이 말한 '미루어 짐작하는 것'을 다른 말로 '추리'라고 해. 우리는 영혼이나 천사가 있다는 것을 '추리'를 통해 알 수 있는 거야."

–《토마스 아퀴나스가 들려주는 신앙 이야기》 중에서

생각 쓰기

1 기억

머릿속 세포에 저장되는 정보로 알려져 왔다. 최근 두뇌뿐만 아니라 몸 전체 세포에 저장된다는 연구 결과가 나타나고 있다. 심지어는 두뇌를 다친 사람이 오직 근육에 저장된 기억만으로 움직일 수 있다는 임상 보고서도 나왔다.

때로 기억은 선택적으로 재구성되기도 한다. 필요한 정보만을 기억해 두거나 여러 정황을 편집하여 기억하기도 하는 것이다.

2 머리

생물학적으로 말하자면, 뇌가 들어 있는 부분으로 일반적으로 입이 열려 있고 눈, 귀, 코 등의 감각기관이 발달했으며 신경절의 집중화가 나타나는 부분이라고 할 수 있다.

머리는 중요한 신체 기관으로서, 환경으로부터 정보를 얻어 뇌를 통해 운동 기관에 명령하고 목적에 적합한 행동을 하게 한다. 때로 몸의 일부가 이러한 형태로 변화하는 것을 두화(頭化, cephalization)라고 한다. 그러나 두화는 그 정도와 종류, 생활양식에 따라 여러 가지가 있다.

기억의 주요 저장 장소로 알려져 있으며, 무의식도 이곳에 저장되어 있을 것으로 추정한다.

 제시문 **㉮**는 천사의 존재를 증명하고 있다. 그런데 왜 대부분의 사람들은 천사를 **㉯**와 같은 날개 달린 어린아이의 이미지로 그려 낼까? 이에 대해 설명하시오.

㉮ "추리? 그래, 영혼이 있다는 것은 추리해서 알 수 있다고 쳐. 그럼 천사가 있다는 것은 어떻게 추리해서 나온 거야?"

마르코가 따지듯이 물었어.

"마르코 형, 생각해 봐. 신체, 즉 우리들의 몸의 주인이 영혼이라고 했고, 영혼이 존재하고 있다는 걸 추리로써 알았어. 그러면 신체가 없는 영혼도 있을 수 있지 않을까? 신체가 없는 영혼이 있다면 그게 바로 천사라고 할 수 있지, 안 그래?"

"음……."

㉯

생각 쓰기

이미지

일반적으로 스크린에 나타나는 모든 요소를 포함한다.

원래 외부의 자극에 의해 의식에 나타나는 대상의 직관적 표상을 말한다. 그러나 그 의미가 점차 확대되어 특정한 브랜드, 제품, 판매점, 기업에 대한 대중이 느끼는 현실적 또는 상상적 특징을 말하기도 한다. 광고 용어로는 제품 이미지(product image), 브랜드 이미지(brand image), 기업 이미지(corporate image) 등으로 사용된다.

아비투어 철학 논술

예시 답안

신앙은 신의 계시를 받아들이는 활동이다. 여기서 계시는 사람의 지혜로 알 수 없는 진리를 신이 깨우쳐 주는 것을 말한다. 인간이 먼저 신을 알기에는 부족한 점이 많다. 신은 인간 이성의 영역을 넘어서기 때문이다. 따라서 인간보다 우위에 있는 신은 자신의 뜻과 계획을 인간에게 스스로 알려 주려고 한다. 이것을 계시라고 한다.

기독교에서는 신이 인간의 모습으로 직접 세상에 왔다(성육신)는 예수그리스도를 계시의 핵심으로 보고 이를 자연 계시와 구분하여 특별 계시라고 말한다.

① 자연종교: 문화가 발달하기 전, 자연에 대한 두려움을 극복하기 위해 자연을 초월적인 신앙의 대상으로 섬겼던 신앙 행위를 말한다. 인간의 문화와 과학이 발전함에 따라 자연을 섬김의 대상이 아니라 연구의 대상으로 인식하면서 자연종교는 소멸하게 되었다.

② 민족종교: 대부분의 종족은 자신들의 문화와 관계가 깊은 정신문화를 가지고 있고 이러한 정신문화는 종교로 연결되어 있다. 그래서 각 종족은 나름대로 섬기는 신

을 따로 두었다. 이를 민족종교라고 한다. 그러나 민족종교는 자칫 신이 자기 종족만을 지켜 준다는 생각 때문에 배타성을 가질 수 있다.

③ 세계종교: 문화와 종족을 넘어, 세계 모든 인류가 쉽게 접근할 수 있도록 발달된 보편적 종교를 말한다. 세계 곳곳에서 현시대에도 영향력을 미치고 있는 기독교, 불교, 유교, 이슬람교 등을 일컫는다. 모든 차별을 없애고 완성된 모습을 갖고 있어 고등종교라고 부르기도 한다.

case 2 신앙이란 현실적인 방법으로 해결 불가능한 인간의 궁극적인 문제인 죽음이나 그 밖의 문제를 해결하고자 모든 사물의 근원이자 절대적 존재인 신을 믿고 의지하는 태도이다. 종교는 사회적인 입장에서 말하는 신앙이다. 종교는 기본적으로 경배 대상, 신앙 집단, 그리고 교리를 갖추고 있어야 한다. 초월적인 신이나 절대적인 가치가 있어야 하고, 이것을 믿고 따르는 신도와 그들의 조직이 있어야 한다. 또한 신도를 가르칠 수 있는 체계화된 교리가 필요하다.

한편 종교의 요건을 갖추지 못한 경우에도 개인적으로 신앙은 가능하다고 할 수 있다. 그렇지만 사회적 관계에서 종교는 앞에 열거된 요건을 갖추어야 한다. 왜냐하면 사회에서 종교는 하나의 규범과 같은 제도로서 지위를 부여받기 때문이다. 그러므로 종교가 요건을 갖추지 못한다면, 종교로서의 기능이 원활하지 않을 뿐만 아니라 사회적 요구와 기능을 충족시키는 데 오류를 발생시킬 수 있다고 생각한다. 먼저, 경배 대상이나 교회가 없으면 종교는 힘에 호소하는 오류를 범할 수 있다. 이 경우에는 신앙의 대상이 아닌 특정 개인의 견해를 따르도록 힘으로 위협하게 된다. 또한 교리의 요건이 없으면 종교는 결합의 오류에 빠질 수 있다. 이 경우에는 신도들이 각자 갖고 있는 믿음을 교리라고 생각하게 되어 독선에 빠질 수 있다. 그리고 신앙 집단은 사회적 의미에서 종교의 전제 요건이 된다.

결론적으로 오류의 개념은 종교가 경배 대상, , 신앙 집단, 교리라는 요건을 기본적으로 갖추게 함으로써 종교에 대한 긍정적인 평가가 가능하게 하는 데 큰 의미를 갖는다.

주 제 탐 구 **03**강 신은 존재하는가?

case 1 신의 존재에 대한 증명은 소크라테스 이후 많은 철학자들에 의해 시도되었다. 자신의 철학적 관점에 의해 증명을 시도했지만 만족할 만한 논리는 없었다. 토마스 아퀴나스는 신의 존재를 증명하기 위해 모든 철학과 신학을 동원했다.

먼저 그는 크게 두 가지의 증명 방법론을 제시했다. 하나는 철학자의 방법론이고 다른 하나는 신학자의 방법론이다. 철학자의 방법론은 인간의 이성을 통한 추리에 의한 방법이다. 그리고 신학자의 방법론은 성경을 바탕으로 한 신앙에 근거한 증명 방법이다.

case 2 무엇을 아는 방법에는 여러 가지가 있다. 그중 다섯 가지 감각을 통해 직접 아는 것이 가장 기본적인 방법이다. 이것은 우리가 보고 만지고 냄새 맡아서 아는 것이다. 하지만 이러한 방식만 있는 것은 아니다. 보이지 않는 많은 것들이 분명 존재하고 있지만 이것을 감각을 통해 알 수 있는 것은 아니다. 우리는 우리의 머릿속에 있는 기존의 상식을 다시 종합하고 결합함으로써 새로운 진리를 알아낼 수 있다.

영혼, 신, 천사와 같은 존재는 우리의 감각으로는 알 수가 없다. 하지만 우리의 머릿속에는 이들에 대한 지식이 있으며 때론 이런 존재들이 있다는 것을 어렴풋이 느낄 수 있다.

case 1 우리는 사물을 감각으로 느끼고 그 신호를 종합하여 판단하고 머릿속에 쌓아 놓는다. 다시 새로운 정보가 들어오면 머릿속에 있는 기존 지식과 비교하거나 종합하여 새로운 정보로 정리하고 기억 창고에 보관한다.

기존의 지식은 미루어 짐작하는 것을 통해 새로운 지식을 만들어 내기도 한다. 이렇게 오직 머릿속에서 이루어지는 지식 습득 작용을 추리 또는 추론이라고 한다.

따라서 영혼의 존재나 천사, 또는 신의 존재는 우리의 감각을 통해서가 아니라 추리에 의해서도 얼마든지 알 수가 있다.

case 2 토마스 아퀴나스가 천사의 존재를 증명하기 위해 택한 방법론이 추리였다. 추리는 기존의 지식을 바탕으로 새로운 사실을 인식해 내는 것을 의미한다.

그런데 천사를 인식하기 위해서는 기존에 갖고 있는 비슷한 지식을 통해 이미지를 얻어야 하는데, 천사와 가장 유사한 기존 지식은 어린아이와 날개라는 이미지이다.

따라서 추리에 의해 형성된 천사의 이미지는 그림과 같은 형태를 보일 수밖에 없었다.

영혼이나 신, 그리고 천사 등의 존재 이미지는 애초부터 기존 이미지가 없었기 때문에 민족과 문화에 따라 각기 다른 이미지를 만들어 냈던 것이다.

철학자가 들려주는 철학이야기 023

퇴계 이황이 들려주는 경 이야기

저자_유성선
현재 강원대학교 철학과 교수로 재직 중이다.

공부 파업

공부 파업

01_강 '이' 와 '기'

case 1 제시된 글을 읽고, '이' 와 '기' 가 무엇인지 설명하시오.

자항이는 축구만큼이나 차에도 관심이 많습니다. 아이들은 언젠가 자항이가 하늘을 나는 자동차를 만들겠다며 며칠 동안 흥분하여 설계도를 그리다가 포기한 것을 기억하고 있습니다.

"그래, 배는 물 위로 가고 자동차는 땅 위로 가지. 그게 바로 이치란다. 또한 부모라면 자식을 사랑하는 것이 이치이고 자식이라면 부모를 공경하는 것이 이치이지. 퇴계 선생님께서는 우리가 공부를 하는 것도 바로 이 이치를 찾기 위해서라고 하셨단다."

"아, 그렇구나. 그런데 '이' 는 이치라고 하니 이해가 되는데 '기' 는 뭔지 잘 모르겠어요."

현묵이가 고개를 갸우뚱하며 묻습니다.

"야, '기' 를 모른단 말이야? '나의 기를 받아라!' 할 때 그 '기' 맞죠?"

"하하하, 아주 똑같다고는 할 수 없지만 전혀 틀리다고도 할 수 없겠구나. 아까 빵을 만들 때 필요한 재료들이 '기'라고 했던 것 기억하지? 오븐에서 갓 구운 빵을 꺼냈을 때 김이 모락모락 솟아올랐을 거야. 그다음에 빵 냄새가 기분 좋게 코끝에 와 닿았지? 이것이 바로 '기'란다. 그러니까 '기'는 바로 재료에서 나오는 것이지. 그런데 각각의 재료의 양을 정확한 비율로 넣으면 빵이 맛있어질 것이고, 너무 재료를 많이 넣거나 적게 넣으면 맛이 없을 수도 있을 거야. 이 빵 맛 또한 '기'란다."

현묵이 아버지는 계속해서 향기, 분위기 등도 모두 '기'의 일종이라고 설명해 주십니다.

"그러면 저희 아빠가 가끔 뀌시는 방귀도 '기'의 일종인가요?"

"하하하, 자항이는 정말 재치가 있구나. 그래, 그것도 '기'의 일종이라고 할 수 있지. 이와 같은 것을 이 세상 우주 끝까지 확대하면 모든 것이 이와 기로 되어 있다는 것을 알게 될 거야. '이'는 한 가지 모습으로, '기'는 여러 가지 모습으로 말이지."

- 《퇴계 이황이 들려주는 경 이야기》 중에서

생각 쓰기

"그래, 철학이라는 건 어려운 것이 아니란다. 우리 주변 모든 곳에 있는 것이 철학이지. 그럼 우리 다시 마음 이야기로 돌아가 볼까? 아까 아저씨가 사람의 마음도 '이'와 '기'로 이루어졌다고 했지? '이'는 옳은 것, 이치라고 했으니 좋은 것이고, '기'는 재료들이 섞여 있는 것이니 좋은 것도 있고 나쁜 것도 있겠지. 이처럼 우리 마음속 '기'에는 좋은 것과 나쁜 것이 섞여 있기 때문에 우리는 '마음 공부'라는 것을 해야 하는 거란다. 좋은 일을 하려는 마음과 나쁜 일을 하려는 마음이 싸울 때, 나쁜 마음이 나서지 않도록 다스리는 것이 '수양'이지. 그리고 수양할 때 흔들림 없이 똑바로 깨어 있는 마음 상태가 바로 '경'이기도 하단다."

– 《이황이 들려주는 경 이야기》 중에서

생각 쓰기

1 주자(朱子)

주자는 중국 송나라 때의 유학자로 주자학을 집대성하였다. 그는 우주가 이(理)와 기(氣)로 이루어져 있다고 보았다. 인간은 선한 '이'를 본성으로 갖지만 불순한 '기' 때문에 악하게 되며 '격물(格物)'로 이 불순함을 없애고 본래의 선함으로 돌아갈 수 있다고 보았다.

이황은 학문적으로 주자를 존경하였고 그로부터 많은 부분에 걸쳐 영향을 받았다. 이황 또한 우주가 이와 기로 이루어져 있다는 '이기론'을 펼쳤다. 주자가 이를 의미적 존재로만 보아 그것의 능동성을 인정하지 않고, 직접적으로 운동하는 것은 기라고 생각한 반면 이황은 이 자체가 운동성과 고요함을 가지고 있다고 보았다.

2 이기론(理氣論)

중국에서는 오래전부터 기(氣)의 개념을 사용하여 사물의 존재와 운동을 설명했는데, 기라는 개념으로 사물의 생성과 변화를 설명하고 다양한 사물을 분류하고 체계화했다.

송나라 때 성리학이 발전하면서 이(理)라는 개념이 중요한 자리를 차지하게 되었고, 이에 따라 이와 기를 함께 생각한 이기론이 확립되었다. 성리학은 우주 만물의 존재와 운동을 이와 기의 개념으로 설명한다. 기가 모이고 흩어지는 것에 의해 모든 것이 생겨나고 사라지며, 여기에서 기는 만물을 구성하는 요소이다. 한편 이는 만물 생성의 근원이 되는 정신적 실재로 기가 존재할 수 있도록 하는 근거이며, 동시에 만물에 내재하는 원리이다.

우리나라에서는 고려 말 주자학의 영향으로 이기론이 등장한 이후, 조선 시대 이황(李滉)과 이이(李珥) 등에 의해 보편적 사회사상으로 자리 잡게 되었다. 이황은 이와 기의 차별성을 강조하는 주리론(主理論)을 내세운 데 반해, 이이는 이와 기의 통일성을 강조하는 주기론(主氣論)을 전개하여, 이후 성리학의 커다란 두 흐름으로 발전하였다.

02_강 경(敬)의 태도

case 1 퇴계 이황은 경(敬)을 알고 몸소 행하는 데 학문의 궁극적인 목적을 두었다. 아래의 제시문을 읽고 질문에 답하시오.

가 "맞아요. 전에 어른들과 같이 산에 갔을 때, 너무 힘들어서 '이런 걸 왜 하나?' 하며 혼자 뒤처져서 오르는데 어디선가 난초 꽃 향기가 나는 거예요. 아무리 둘러봐도 난초 꽃은 보이지 않는데 말이죠. 그런데 한참을 찾아보니 무성한 수풀 속에 난초 꽃 한 떨기가 피어 있는 거예요."

수환이는 신이 나서 이야기를 하고 나머지 아이들도 '그런 일이 있었나?' 하는 눈으로 수환이를 봅니다.

"그래, 수환이 말이 맞다. 산길을 걷다가 우연히 발견하게 되는 난초 꽃은 더욱 아름답지. 아무도 보아 주지 않아도 난초 꽃은 자신도 모르게 향기를 내뿜는 거란다. 퇴계 선생님도 세상의 도리를 보아 이미 밝으셨으나, 아직 보지 못한 것처럼 바라보았고, 덕은 이미 높았으나 그렇지 않은 것처럼 겸손하셨단다. 죽을 때까지 보다 높은 경지를 향해 노력하였으나 항상 마음을 가다듬기를, 성인을 배우다가 이르지 못할지언정 한 가지 장점으로 이름을 빛내려 하지 않으셨지. 그래서 세상 사람들 중에 자부심이 너무 지나친 자를 보면 매우 그르게 여기셨고, 반드시 경계

해야 한다고 말씀하셨단다."

　현묵이 아버지 말씀에 귀를 쫑긋 세우고 듣던 아이들이 갑자기 흘긋거리며 승현이를 쳐다봅니다.

－《퇴계 이황이 들려주는 경 이야기》 중에서

　나　의관을 바르게 하고, 눈매를 존엄하게 하고, 마음을 가라앉혀 지니기를 마치 상제를 대하듯 하라.

　걸음걸이는 반드시 무겁게 하고, 손 모양은 반드시 공손하게 하며, 땅은 가려 밟아 개미집 두덩까지도 함부로 밟지 말고 마땅히 돌아서 가야 한다.

　문을 나설 때는 손님을 뵙듯 해야 하며, 일을 처리할 때는 제사를 지내듯 하며, 늘 조심조심 두려워하여 잠시도 안이함이 없도록 해야 한다.

　입 다물기를 병마개 막듯이 하고, 잡념 막기를 성문 지키듯 하며, 성실하고 진실하여 한 치도 경솔히 행함이 없도록 하라.

　동쪽에 머물면서 서쪽으로 가지 말고 북쪽에 머물면서 남쪽으로 가지 말며, 일을 당하여서는 그 일에만 마음을 두어 그 마음이 딴 데로 가지 않도록 해야 한다.

　두 가지 일로 마음을 두 갈래로 내지 말고, 세 가지 일이라고 마음을 세 갈래 내지 말아야 한다. 마음은 오직 하나가 되도록 하여 만 가지 변화를 다 살피도록 하라.

　이러한 것을 그치지 않고 일삼아 하는 것을 곧 '경을 유지함', 즉 '지경(持敬)'이라 하니, 움직일 때나 머무를 때나 어그러짐이 없고, 겉이나 안이나 서로 바르게 하라.

잠시라도 틈이 벌어지면 사욕이 만 가지나 일어나 불꽃도 없이 뜨거워지고 얼음 없이도 차가워지느니라. 털끝만큼이라도 경은 학문과 생활 전반에 걸쳐 자아를 조절시키면서, 천부(天賦)의 선(善)에로 자아를 회복시키는 자율적 정신이고, 또한 당위적 정신이다. 따라서 경은 인식의 문제를 넘어서는 인간의 근본적인 실천적 삶의 정신으로 살려야 하는 활력이 되기도 한다. 어긋남이 있으면 하늘과 땅이 자리를 바꾸고 삼강(三綱)이 멸하여지고 구법(九法) 또한 못쓰게 될 것이다. 아! 아이들이여! 깊이 마음에 새겨 두고 조심할지어다. 먹을 갈아 경계하는 글을 씀으로써 감히 영대(靈臺)에 고하노라.

– 퇴계 이황, 《성학십도(聖學十圖)》 중 〈경재잠도(敬齋箴圖)〉 참고

① 글 속에 나타난 '경' 이 무엇인지 요약하시오.

② 오늘날 우리가 '경(敬)'의 태도를 실천하기 힘든 까닭과 이를 극복하기 위한 방안은 무엇인지 쓰시오.

㉮ "경 공부는 다른 게 아니란다. 한곳에 집중해서 딴생각이 들지 않도록 하는 것을 말하는 거지."

"아! 잡념이 없는 것! 정신일도하사불성!"

"그래, 자항이 말이 맞다. 아저씨가 말하려고 하는 것도 그런 뜻이지. 그런데 혹시 너희 주일무적(主一無敵)이라는 말은 들어 봤니? 주일무적은 주도할 주, 하나 일, 없을 무, 갈 적. 즉 한 가지에 주력하여 이리저리 생각이 흩어지지 않음을 말한단다. 바로 이것이 경을 실천하는 방법이란다. 그래서 퇴계 선생님께서는 비록 뜻을 세웠다 하더라도 경을 실천하여 그 뜻을 붙잡지 않는다면 마음이 들떠서 중심을 잡지 못하며 하릴없이 세월만 보낼 것이니 결국은 빈말이 되고 말 것이라고 하셨단다."

– 《퇴계 이황이 들려주는 경 이야기》 중에서

㉯ "선생님! 요즈음 애들이 인터넷에서 게임을 하는 동안 인터넷상에서 잠깐 만난 애들에게는 신경을 써 주지 않아요." (……)

"그래요. 우리는 보이지 않는 상대에게 함부로 하는 것을 보이는 상대에게 하는 것보다 훨씬 쉬운 일이라고 생각하는 경우가 많아요. 그래서 인터넷을 하다가 누군가가 익명으로 올린 글에 자기도 익명으로 답글을 달면서 이름을 밝히지 않는다고 함부로 욕을 써 놓는 것을 많이 봤을 거예요. 여러분이 친구들과 함께 지내는 이 교실을 작은 사회라고 생각한다면 인터넷도 역시 익명의 사람들이 모여 활동하는 사회라고 볼 수 있어요. 인간은 무슨 동물이지요?”

“사회적 동물이요!”

“그래요. 이 세상에 사는 모든 것은 동물이건 식물이건 모두 무리를 지어 살아요. 그래서 더불어 사는 방법이 필요한 거죠. 더불어 사는 방법은 내가 어떤 태도를 보이는가에서 출발한답니다. 남들과 더불어 살기 위해서는 어떤 태도가 필요할까?”

“상대방을 존경하는 마음이요!”

“남의 말을 잘 들어주는 거요!”

“공손한 태도요!”

“남을 배려해야 돼요!”

여기저기서 아이들의 대답이 나옵니다. 선생님께서는 이제 됐다며 두 손을 들고 크게 웃으십니다.

“퇴계 선생님께서는 어디를 가든 무엇을 하든 모든 일을 ‘경’으로 삼아서 실천하면 그것이 바로 올바른 태도라고 말씀하셨단다. 우리가 사회에서나 인터넷에서 친구들을 대하는 방법에 대해 이야기한 것처럼 우리의 부모님뿐만 아니라 주변의 어른을 대할 때에도 공경하는 마음으로 예절을 지키며 대해야 한다는 거예요. 다들 알겠죠?”

– 《퇴계 이황이 들려주는 경 이야기》 중에서

생각 쓰기

주요 개념 및 배경 지식

1 성학십도

퇴계의 대표적인 저술로 성인이 되기 위한 학문(聖學)을 열 가지 그림(十圖)으로 풀어낸 목판본 서적이다. 퇴계 이황은 이 책에서 '성학은 오직 경을 통해서만 그 근본정신을 체득할 수 있다' 고 강조하고 있다.

이 책을 구성하는 열 가지 그림은 크게 두 갈래로 나눌 수 있는데, 먼저 태극도, 서명도, 소학도, 대학도, 백록동규도의 경우 천도에 근본하고 있는 것으로 인륜을 밝히고 덕업에 힘쓰는 데 그 공을 두는 것이다. 한편 심통성정도, 인설도, 심학도, 경재잠도, 숙흥야매잠도의 다섯 도는 심성에 근원한 것으로, 일상생활에 힘쓰고 경외의 태도를 높이는 데 의의가 있다.

2 극기복례

인(仁)의 정의 중의 하나로, 자기 자신을 이기고 예로 돌아가는 것을 의미한다. 이는 누구나 가질 수 있는 자만이나 탐욕, 나태 등의 유혹을 이겨 내고 인간의 본래 규범을 회복해야 한다는 말이다. 공자는 인을 여러 가지 말로 설명했는데 극기복례는 그중의 정수라고 할 수 있다.

03강 공부의 목적

case 1 다음 글을 읽고, 등장인물들이 깨달아야 할 '참된 공부'의 의미는 무엇인지 이황의 가르침을 생각하며 설명하시오.

"아아! 그나저나 이 엉아는 정말 피곤해서 죽겠다. 학교 수업 듣고, 축구에만 모든 정열을 쏟아도 제2의 박지성이 될까 말까인데 학원 수업까지 들어야 하니 내가 정말 늙는다, 늙어. 어휴."

자항이의 손짓 발짓이 섞인 너스레에 아이들은 한바탕 신나게 웃습니다.

"축구에 쏟는 정열을 조금만 줄이고 학원 수업 시간에 안 졸면 왕마녀한테도 안 찍힐 거고 그럼 지금보다 훨씬 덜 피곤할거란 생각은 안 해 봤냐? 가뜩이나 살벌한 왕마녀 수업 시간인데 너 때문에 다른 애들까지 긴장 상태 만들지 말고."

"수환이 말도 일리는 있다. 근데 자항이 말처럼 학교 수업 들으랴, 학원 진도 따라가랴 진짜 머리가 아프긴 해."

"야, 도토리묵아, 그래도 너는 엉아보다는 공부가 좀 되잖냐. 엉아는 어차피 나중에 훌륭한 축구 선수가 될 건데 사실 이렇게까지 공부를 해야 하는 이유를 모르겠단 말씀이다. 김승현이야 공부가 세상에서 제일 쉬운 애니까 뭐 말할 것도 없지만. 안 그러냐, 김승현?"

승현이는 이제껏 아이들의 얘기에는 별 관심 없다는 듯 책을 보고 있다가 이제야 천천히 책을 덮으며 입을 엽니다.

"솔직히 공부가 어렵진 않아."

"우우!"

승현이의 대답에 기다렸다는 듯이 아이들이 장난스럽게 야유를 보냅니다.

"그런데! 사실 가끔은 내가 뭣 때문에 이렇게 공부를 하는 건지 잘 모르겠어."

"뭣 때문은 무슨! 당연히 좋은 대학 들어가고 졸업해서 좋은 회사 들어가 돈 많이 벌고 짱 멋진 차도 사고, 집도 사고, 그러려는 거지."

"야, 우자항, 그렇게 잘 아는 애가 왜 공부는 안 하고 축구만 하는 건데?"

- 《퇴계 이황이 들려주는 경 이야기》 중에서

"아저씨, 전 솔직히 애들보다 공부도 잘하고 평소에 책도 많이 읽어요. 그래서 제가 알고 있는 것을 얘기하는 것뿐인데 그게 뭐 나쁜가요?"

"우!"

승현이가 발끈하여 이야기하자 아이들이 일제히 '우!' 하고 야유를 보냅니다.

"하하하, 그래. 승현이 말에도 일리는 있지. 누구나 내가 알고 있는 것을 말하고 싶어 하는 마음은 다 있으니까 말이다. 공부를 하다가 무언가를 좀 알아내면 뽐내고 싶고, 남에게 졌다고 생각하면 속상하고, 그게 모두 자존심 때문인데 그러다 보면 정말 깊이 있는 공부는 하기가 힘들어지겠지? 생각하는 시간을 충분히 갖지 않고 섣부른 지식만 늘리고 빠른 성과를 얻기 위해 공부를 한다면 오랜 시간이 흐른 뒤에는 그것이 쓸모없는 것이 될 수도 있는 거란다. 진정으로 이루어 놓은 것도 없이 말이지. 모든 사람들의 공부하는 목적이 얇은 지식을 가지고 사람들로부터 명예만을 얻기 위한 것이라면 우리 인류의 미래는 과연 어떻게 될까?"

현묵이는 아버지의 이야기에 승현이와 아이들이 모두 골똘히 생각에 잠깁니다. 큰 스승 같은 은행나무들도 아이들을 자애로운 눈으로 내려다봅니다.

"아! 그럼 답은 나왔네요! 무엇인가를 이루는 것! 아는 척하기 위해서가 아니라 무엇인가를 이루기 위해 공부를 하는 것이다! 맞죠?"

자항이가 갑자기 벌떡 일어나 소리를 치는 바람에 모두들 놀랍니다.

"하하, 그래 자항이가 놓치지 않고 이야기를 잘 들었구나. 바로 미래에 무엇인가를 이루기 위해 우리는 공부를 하는 거란다. 그리고 그 무언가를 이루기 위해서는 반드시 뜻을 세우고 그것을 근본으로 삼아야겠지. 아무런 목적과 의지도 없이 꿈을 이룰 수는 없는 거니까 말이다."

– 《퇴계 이황이 들려주는 경 이야기》 중에서

생각 쓰기

1 잠언(箴言)

퇴계 이황은 자기 자신을 경계하라는 뜻으로 잠언이라는 글을 지어 제자들에게 가르쳤다. 잠언의 내용을 몇 가지 살펴보면 다음과 같다.

말과 행동은 언제나 겸손하고 삼가라.

몸과 마음을 함부로 굴리지 말고, 잘난 체하지 말며, 말은 함부로 하지 말라.

몸가짐은 공손히, 일을 맡으면 공경히, 남과 사귐은 정성스럽게 하라.

스스로의 힘으로 실천하지 않는 것은 자포자기와 같다.

일상생활에서의 말과 행동은 보편타당성이 있으면 잘못이 없다.

사람은 오직 배우지 못하였기에 스스로 부족한 것을 알지 못하고, 스스로 부족한 점을 알지 못하기 때문에 잘못을 지적받으면 성을 내는 것이다.

2 수양론(修養論)

퇴계 이황의 학문 정신은 이론적인 것에만 집중되어 있는 것이 아니라 인격적 완성을 위한 실천인 수양론에까지 이르러 있다. 퇴계 이황의 수양론은 심

(心)과 경(敬)으로 이루어져 있는데, 심은 수양이 이루어지는 바탕이고, 경은 수양을 실천하는 방법이다.

아비투어 철학 논술

예시 답안

case 1   퇴계 이황은 우주 만물이 이(理)와 기(氣)로 이루어져 있다고 했다. 이는 만물이 생성되는 원리이며, 기는 그것을 이루고 있는 재료라고 할 수 있다. 이황은 태초에 이가 기를 만들었다고 생각했다. 곧 인간과 사물은 이에서 본성을 갖고, 그 후에야 기라는 형태를 갖게 된다는 것이다.

이황은 이가 기보다 먼저 존재한다고 보았다. 이는 모든 사물의 존재와 사물의 움직임, 그리고 생성에 있어서 근원이 되는 것으로, 어떠한 사물로 하여금 그 사물이 되게 하는 원리라고 할 수 있다.

이에 반해 기는 이와는 확연히 다른 성질을 가지고 있으며, 모이고 흩어지고 오르고 내리는 이동을 통하여 여러 가지 모습으로 현상을 나타내는 것이다. 이처럼 서로 다른 성질을 갖지만 사물을 이루고 있는 기와 이가 항상 함께 존재하며 서로 분리되기 어렵다고 생각했다. 그리고 그 둘의 작용에 있어서도 서로 간에 영향을 준다고 보았다.

case 2   이(理)는 만물이 존재하는 원리이고, 기(氣)는 만물의 형상을 구성하는 물질적 바탕이다. 우주가 이와 기로 이루어지듯이 인간 또한 이와 기로 이루어진다. 기는 만물의 물질적 기초이므로 현존하는 생명체인 인간의 신체도 기로 이루어져 있다고 할 수 있다. 인간 하나하나는 어떤 기가 모여서 이루어져 있는 것이다. 이는 인간에 내재하여 인간의 본성이 되고 인간 안에 내재하는 이는 인의예지라는 도덕적 속성을 내용으로 갖추게 된다. 그리고 기는 사람의 형체를 구성한다.

또한 인간의 마음에도 마음의 원리로서의 이와 이 원리를 실천할 수 있는 능력을 지닌 기가 존재한다. 이왕은 이는 모든 선(善)의 근원이고, 이는 선만이 있고 악은 없는 것으로 생각했다. 반면 기는 선악이 정해지지 않았으므로 악의 가능성을 지니고 있다고 생각했다. 이러한 기의 특성으로 인해 인간은 성인과 같이 훌륭한 존재도 있는가 하면 악인도 있을 수 있다. 그러나 이러한 차이는 인간 존재의 근거가 되는 이의 차이에 의해서가 아니라 기로 인한 현상적 차이인 것이다.

'본래 그러한 본성인 이'는 끝내 없어질 수 없고 수양에 의해서 본래의 모습을 회복할 수 있으므로 이에 따르면 어리석은 사람도 수양에 의해서 현명한 사람이 될 수 있다.

주 제 탐 구 **02강** 경(敬)의 태도

case 1 ① '경'은 다른 사람들로부터 갖는 공경의 마음이자 고마워하는 마음이며, 측은히 여기는 마음이자 무언가 도와주려는 마음이다. 경의 마음가짐은 실천을 통해 행동으로 나타나기 때문에 이황은 '경'이야말로 성학(聖學)의 처음이자 끝이라고 말했다. 이는 퇴계 이황의 《성학십도》가 그의 핵심 철학인 성(敬)으로 일관하고 있는 것만 봐도 알 수 있다.

경은 작은 사욕도 허락하지 않고 언제 어떠한 상황에서도 스스로를 이겨 내야 한다는 점에서, 초인적 수행을 요구하며 큰 고통이 따르는 학습 과정이라고 할 수 있다.

② 경이란 마음을 투명하게 두어 어떤 순간에도 사심이 개입되지 않게 하는 마음가짐을 말한다. 누가 보아 주지 않아도 절로 향기를 내뿜는 난초와 같이 스스로 이미 지혜롭고 덕이 높다고 해도 남에게 자랑하지 않으며 항상 겸손한 마음가짐으로 더 높은 경지를 터득하려 노력해야 하는 것이다.

그러나 사람은 일반적으로, 자신의 능력이 출중해지면 남 앞에서 교만해지기 쉽고 재물을 보면 탐하게 되며 자기 안의 나쁜 유혹으로 인해 자신이 배워 알고 있는 것과 실제 행동하는 것을 일치시키는 데 어려움을 겪게 마련이다.

이러한 어려움을 극복하기 위해서 무엇보다 중요한 것은 자기 자신 안의 나약함을 극복하려는 의지와 노력이다. 경을 극기복례(克己復禮), 즉 자기 자신을 이기고 마침내 예의 세계로 나아가는 것이라고 말하는 것도 바로 이 때문이다. 따라서 경을 올바르게 실천하기 위해서는 나 자신에게 내재된 본심 또는 본성에 귀 기울이고 여러 가지 유혹으로부터 벗어나도록 스스로를 끊임없이 설득시키는 노력이 필요하다.

case **2** ㉮는 학문을 할 때의 경의 태도에 대한 것이다. 학문을 할 때는 먼저 뜻을 세우고 그 뜻과 생각이 흐트러지지 않도록 집중하는 경의 태도를 보여 준다. 만약 뜻을 세웠다고 할지라도 집중하지 못하여 그 뜻과 생각이 흐트러진다면 결국 남는 것이 없어 학문을 한 보람이 없게 된다.

㉯는 사람을 대할 때의 경의 태도에 대한 것이다. 사람은 사회적 동물이기 때문에 다른 사람들과 더불어 산다. 더불어 사는 데 필요한 것은 상대방에 대해 몸가짐을 공손하게 하고, 경건하게 대하며, 공경하는 태도를 보이는 것이다.

이처럼 퇴계 이황이 말하는 경(敬)은 학문과 생활 전반에 걸쳐 올바른 자세와 올바른 마음으로 살아갈 수 있도록 자기 자신을 다스리는 정신이라고 할 수 있다.

case 1 참된 공부란 분명한 목적의식에서 시작한다. 여기서 목적의식이란 내가 왜 공부를 해야 하며 이 공부는 내게 어떤 미래를 가져다줄 수 있는가에 대해 스스로 생각해 보는 것을 말한다.

기묘사화가 일어나 수많은 젊은 인재들이 벼슬을 포기하고 학문을 게을리 했지만, 퇴계 이황은 나라가 어지러울수록 공부를 해야 한다고 생각했다. 그는 공부란 벼슬을 위한 것이 아니라 몸과 마음을 닦아 덕을 쌓고 지식을 넓힌 뒤 그것을 행동에 옮기기 위한 것이라고 생각했기 때문이다.

이러한 퇴계 이황의 관점에서 볼 때 공부는 장소와 연령이 따로 정해져 있지 않다. 사람은 사회 문물이 변해감에 따라 그것에 적응하기 위해 끊임없이 배워야 하며, 자기 자신도 끊임없이 수양하여 발전시켜야 한다. 근래에 '평생교육'이란 말이 등장하게 된 것도 바로 이 때문이다.

자신만의 뚜렷한 목적의식을 가지고 상대방을 존중하고 아끼며 그로부터 배우는 '경'의 태도를 일생 동안 실천하는 것, 그것이야말로 참된 공부라고 할 수 있다.

case 2 공부를 하는 목적은 내 밖에 있는 것이 아니다. 다시 말해서 공부를 잘하면 선생님이나 부모님이 칭찬을 해 준다. 그리고 친구들이 부러운 눈빛으로 쳐다본다. 그럴 때마다 기분이 좋고, 남들보다 내가 더 많이 알고 있다는 것을 자랑하고 싶어서 더 열심히 공부를 하게 된다. 하지만 남에게 인정받기 위한 수단으로 공부를 해서는 안 된다.

공부를 하는 목적은 내 안에 있어야 한다. 내가 이루고자 하는 뜻을 먼저 세우고 그것을 이루기 위해 유혹에 흔들리지 않고 공부하는 것. 그것이 우리가 공부하는 목적이 되어야 한다.

퇴계 이황은 남의 관심을 끌기 위해서 유달리 재치가 넘치거나 엉뚱한 주장이나 행동을 하는 사람을 경계하였다. 학문은 남에게 인정받기 위한 것이 아니라 자기 자신의 삶에 지표가 될 수 있는 것이어야 한다.

철학자가 들려주는 철학이야기 024

데카르트가 들려주는 의심 이야기

저자_송종인
한국외국어대학교 철학과 박사 과정 중에 있으며, 아시아나 학술대회에서 수상을 했다. 현재 스카
이에듀 논술 강사로 재직하고 있다.

데카르트 공부하기

1. 르네상스, 그리고 혼돈
2. 모든 것을 의심하라, 그러면 진리를 알지어니!
3. 나는 '의심=생각' 한다. 고로 나는 '존재' 한다
4. 새로운 합리주의, 하지만 뭔가 이상한

데카르트 공부하기

1 르네상스, 그리고 혼돈

여러분이 세계사 시간에 배웠듯이, 게르만 민족의 이동과 함께 서로마 제국은 그 문명을 다했으며, 이후 서양 유럽은 약 천 년 동안 기독교라는 세계관 속에서 다음 시대를 위한 씨앗을 머금은 시기를 지내게 된다. 서양의 중세인 이 시기를 일컬어 흔히들 암흑의 시대라고 부르기는 하지만, 우리가 상상하는 것처럼 '암울한 시대'는 아니었다. 이 시기에도 아우구스티누스라든가 아퀴나스, 그리고 수많은 신학자들에 의해 학문은 발전되어 왔으며, 심지어 유럽 최초의 대학교가 세워졌을 정도로 활발한 학문적 활동이 있었다는 사실을 간과해서는 안 된다. 그럼에도 불구하고 모든 학문은 신학적 목적, 다시 말해 신(하느님)을 찬양하거나 입증하는 용도로 활용되었으며, '철학은 신학의 하녀'와도 같은 역할을 했다는 것 또한 부인할 수 없다.

이러한 천 년의 휴식 기간을 거친 서양은 15세기부터 이탈리아에서 시작된 르네상스로 인해 새로운 세상에로의 일보 전진을 취하게 된다. 십자군 전쟁으로 인해 이슬람 문명권과의 만남을 이루었고, 이슬람의 진보된 과학과 잘 보존되어 있던 그리스의 저술서들을 다시 발견하게 되었으며, 이는 서양 세계에 '그리스 문화 부흥 운동'을 일으키게 된다. 이것이 바로 르네상스의 시작인 셈이다. 르네상스는 이탈리아의 발달한 도시들에서부터 출발하여 북부의 프랑스와 독일에까지 영향을 주게 된다. 이탈리아에서는 그저 새로운 문화 운동 정도의 수준에 머물렀던 르네상스 정신은 알프스산맥을 넘어 북부 유럽에 전파되면서 철학과 종교에 있어서까지도 근본적인 변화를 유도하는 일련의 흐름으로 나타난다.

르네상스의 새로운 바람이 비단 문화에만 영향을 끼쳤던 것은 아니다. 당시까지만 해도 유럽에 비해 월등히 발전해 있던 이슬람의 과학과 수학이 십자군 전쟁을 통해 전파되면서 유럽에서도 과학적 사유가 발전하기 시작한다. 이렇게 시작된 과학적 사유는 자연에 대한 연구가 곧 신의 신비를 드러내는 길이라는 자연신학의 전통 아래에서 급속한 발전을 이룩하게 된다. 우리들이 잘 알고 있는 코페르니쿠스의 지동설과 갈릴레오 갈릴레이의 중력에 대한 사유 실험이 바로 이 시기에 있었던 것들이다.

중세라는 기나긴 세월을 기독교라는 하나의 진리 아래에서 세상을 바라보고 파악하고 이해했던 유럽인들에게 이탈리아에서부터 불어 닥친 르네상스의 신선한 바람은 그들의 생각을 근본에서부터 뒤엎기 시작했다. 이러한 변화는 유럽인들에게 새로운 세계로의 전진을 의미하는 희망적인 것이기도 했지만, 반대로 이전의 오랜 세월 동안 그들이 믿어 왔던 진리들이 잘못된 것으로 알려지게 되었다는 점에서는 절망적인 것이기도 했다. 유럽인들은 약 천 년의 기나긴 세월 동안 자신들이 명석판명하게 참이라고 믿어 왔던 자명한 진리들이 새롭게 시작된 과학적 연구들 안에서 거짓으로 입증되는 와중에, 참된 것이 정말로 있기나 한 것일까라는 의심을 하기 시작한다. 즉 유럽에서 시작된 르네상스 운동은 유럽인들을 심각한

지적 혼돈에 빠뜨렸다. 그리고 이런 시기에 데카르트는 명석판명한 진리를 찾기 위해 노력했으며, 결국 그 해답을 찾아낸 철학자로서 이름을 떨쳤다.

❷ 모든 것을 의심하라, 그러면 진리를 알지어니!

물론 데카르트가 살던 당시의 유럽에 어느 정도의 회의주의가 형성되었던 것은 사실이지만, 그렇다고 해서 그들이 진리 자체가 없다는 식으로 생각했던 것은 아니었다. 데카르트 본인 또한 진리 자체가 없다기보다는 진리가 있음에도 불구하고 그것을 찾을 수 있는 적당한 방법이 없다고 생각했다. 그러므로 데카르트의 철학적 목표는, 분명히 있음에 틀림없는 자명하고 명석판명한 진리를 어떻게 우리 인간이 찾아내고 확인하여 인식할 수 있을까에 대한 것이었다. 데카르트는 이러한 목표를 달성하기 위해 진리를 찾아가기 위한 하나의 방법적 기준을 세운다. 그것은 우리가 어떤 것에 대해서 확실하게 알 수 없는 한 절대로 조금 안다느니 아니면 어느 정도는 안다고 말하지 말고 차라리 그것을 알 수도 없으며 아예 있다고 믿지도 말기로 한 것이다. 의심이 단 0.000001%라도 된다면 그것을 믿지 않는 것, 이것이 데카르트가 제시한 '방법적 회의'라는 철학적 반성의 방법이다.

– 《데카르트가 들려주는 의심 이야기》 중에서

하지만 우리는 데카르트가 제시했던 '방법적 회의'와 진짜 '회의주의'를 구분해야 한다. 일반적으로 '회의주의'란 우리는 아무것도 알 수 없고, 인생의 진정한 의미도 찾을 수 없으므로 무의미한 인생을 그냥 되는 대로 살자는 식의 태도를 뜻한다. 반대로 데카르트의 '방법적 회의'란 분명히 있을지도 모를 참된 것, 즉 진리를 찾아내어 알기 위한 방법적 선택일 뿐이다. 다시 말해 데카르트의 '방법적 회의'에 따르자면, 우리가 모든 것을 의심하기는 하되 그러한 의심에도 불구하고 더 이상 의심할 수 없는 명석판명하게 자명한 진리를 발견하게 된다면, 그 진리야말로 우리가 믿을 만한 것이 될 수 있다는 것이다. 결국 데카르트의 '방법적 회의'는 우리를 회의주의에 빠뜨리기보다는 오히려 일반적인 '회의주의'로부터 우리를 구출하는 역할을 하게 되는 셈이다. 이것이 그 당시 혼돈스러웠던 유럽의 지적 풍토에서 데카르트가 각광받을 수 있었던 이유이기도 했다. 한편 이런 의심은 신학자들에게 미움을 받기도 했다. 생각해 보면 이전에 자신들이 가르쳤던 모든 것이 의심받을 만한 것이라고 주장한 철학자를 그들이 좋아했을 리는 없기 때문이다.

3 나는 '의심=생각' 한다, 고로 나는 '존재' 한다

자, 이제 우리 모두 데카르트가 제시했던 '방법적 회의'를 따라서 우리의 의심에도 불구하고 끝까지 살아남는 진리가 어떤 것인지 살펴보도록 하자. 우선 주의할 것은, 조금이라도 의심되는 것이 있으면 그 의심을 극단까지 밀고 나가도록 해야 한다는 점이다. 그렇지 않으면 어느 샌가 의심스러운 것들이 스멀스멀 우리의 생각 안으로 기어 들어올지도 모를 일이다.

데카르트는 먼저 우리의 감각을 의심한다. 가령 우리들의 눈은 멀리 있는 것을 잘못 보는 경우들이 가끔 있다. 멀리 보이는 것이 뾰족한 탑임에도 불구하고, 우리는 그것을 뭉툭하거나 둥그스름한 것으로 잘못 볼 때가 있다. 가까이 가서 확인해야만 그것의 참된 모습을 알 수 있는 것이다. 그러므로 우리는 우리로부터 멀리 떨어져 있는 것들의 참된 모습을, 그것을 가까이에서 확인하기 전에는 명확하게 알 수 없다는 결론을 내릴 수 있다. 그것뿐만이 아니다. 우리와 가장 가까이 있는 것을 느끼는 촉각 또한 우리에게 모순된 경험을 느끼게 한다. 가령 한 손은 뜨거운 물에, 다른 한 손은 차가운 물에 넣어 놨다가 미지근한 물에 동시에 양손을 담그면 한쪽은 시원하게, 다른 한쪽은 뜨겁게 느껴진다. 같은 온도임에도 불구하고 우리의 손은 우리에게 서로 다른 감각을 전달하는 것이다. 눈을 통한 시각이든, 손을 통한 촉각이든 어쩌면 모두가 우리를 속이고 있는 것일지도 모른다. 따라서 데카르트는 감각을 통해 들어오는 모든 것들을 참이라고 받아들여서는 안 된다고 말한다. 한 번이라도 속인 적이 있다면 우리를 또 속이지 않는다는 보장이 없기 때문이다.

우리가 감각을 통해서 들어온 것들을 참이라고 받아들이지 않는 한에서, 다른 참된 것이 우리 안에 남아 있을까? 이것이 '감각'을 부정했던 데카르트가 던진 두 번째 질문이다. 물론 우리들에게는 그러한 것들이 있나. 즉 우리가 감각을 통해서 받아들인 것이 아님에도 불구하고 참된 것이라 여기는 것들이다. 그중 수학이 대표적이다. 우리는 1이나 2 혹은 그 외의 수들을 알고 있다. 하지만 그 수 자체를 경험하는 것은 아니다. 물론 우리는 사과 한 개나 사람 두 명과 같은 것들을 경험하기는 하지만, 그때 우리가 경험하는 것은 1이라는 수 자체가 아니라 사과이며, 2라는 수 자체가 아니라 사람일 뿐이다.

결국 수라고 하는 것은 우리가 그 자체를 경험하지는 못해도 명석판명하게 알고 있다고 여기는 것이며 이성적인 것이라 할 수 있다. 하지만 우리들이 수에 대해서 생각할 때에도 틀리는 경우가 있다. 가령 아주 간단한 계산인 23+27을 잘못 계산하여 40이라고 결론을 내릴 수도 있다. 이런 실수는 우리가 수학 시험을 치르다가 긴장하면 더 많이 생기지만, 그렇다고 해서 데카르트의 '방법적 회의' 로부터 도망칠 수는 없다. 결국 데카르트는 우리의 사유에 의거한 진리들 또한 때로는 틀리는 경우가 있기에 명석판명하지 않다고 주장한다. 한 번 실수를 했는데 또다시 실수하지 말라는 보장이 없으니까 말이다.

이처럼 데카르트는 우리 외부로부터 확인될 수 있는 진리와 인간의 내부로부터 파악되는 진리 모두를 부정하게 된다. 다시 말해 우리가 데카르트의 '방법적 회의' 를 따른다면, 우리의 안에도 그리고 밖에도 우리가 참되게 알 수 있는 것, 다시 말해 명석판명하게 알 수 있는 자명한 진리는 없다는 결론에 도달하게 된다. 이제 우리가 알 수 있는 것은 아무것도 없는 셈이 된다. 우리의 내부와 외부 어느 곳에서도 우리는 확실하게 참된 것을 알 수 없으니까 말이다. 우리가 아무것도 알지 못하며, 지금까지 우리가 알고 있는 것이라고 생각해 왔던 모든 것을 의심하는 상태에 도달하게 되는 것이 데카르트의 '방법적 회의' 를 따라간 결과이다. 이러한 상태에 빠진다는 것은 정말로 암담한 일이다. 이 세상에 믿을 것이 하나도 없기 때문이다. 데카르트 자신도 이러한 상태에 대해서 다음과 같이 말한다.

"나는 지금 갑자기 소용돌이치는 깊은 물속에 빠져 허우적대며, 바닥에 발을 대지도 못하고 또 그렇다고 헤엄쳐서 물위로 올라갈 수도 없는 난처한 상황에 처해 있다."

우리가 명석판명하게 인식할 수 있는 것을 찾아 나선 한 철학자는 이제 오도 가도 못하는 신세가 되어 버린 것이다.

하지만 여기에 기막힌 반전이 도사리고 있다. 아마도 주의 깊은 분은 그 반전까지 예측할 수 있을 것이다. 데카르트의 '방법적 회의' 의 결론은 '나는 아무것도 명석판명하게 알 수 없다' 는 것인데, 그것은 우리에게 두 가지 함축을 주고 있다. 하나는 '나는 아무것도 명석판명하게 알 수 없다' 는 '명제 자체는 참' 이라는 것이고 다른 하나는 그 명제 자체가 참이 되기 위해서 나 자신이 '의심이라는 행위' 를 하고 있어야 한다는 점이다. 다시 말해 다른 모든 것을 의심하더라도, 모든 것을 의심하고 있는 나 자신이 있다는 것은 의심할 수 없다는 말이다. 이제 불확실한 모든 것들 가운데로 하나의 확실한 인식 하나가 떠오르게 된다. 그것은 '나는 모든 것을 의심하고 있으며, 그렇게 의심하는 내가 있다' 라고 하는 명석판명한 진리이다. 이를 바꿔 말하자면 '나는 의심하는 한에 있어서만 내가 존재하고 있음을 명석판명하게 알 수 있다' 가 된다.

그런데 어떤 것을 의심한다는 것은 우리가 '생각' 하고 있음을 의미한다. 따라서 데카르트는 '나는 생각한다, 고로 나는 존재한다' 와 같은 유명한 결론을 내린다.

이 세상의 모든 것을 의심할 수는 있어도, 이 진리 자체는 그러한 의심으로부터 벗어나 있다는 것이 데카르트의 생각이었다. 데카르트는 신조차도 이러한 진리를 부정할 수는 없다고 보았다. 물론 사람들은 처음에는 이 진리에 대해서 반신반의

했다. 하지만 데카르트의 '방법적 회의'가 너무나도 합리적이고 강력했기 때문에, 시간이 지날수록 많은 사람들이 이에 동조하게 되었다.

4 새로운 합리주의, 하지만 뭔가 이상한

데카르트가 '방법적 회의'를 통해 내린 결론인 '나는 생각한다, 고로 나는 존재한다'는 혼돈의 시기를 겪던 유럽에 새로운 확실성을 주는 데 큰 역할을 하게 된다. 이제 사람들은 참된 진리가 무엇인지 자신의 이성으로써 의심해 보고 확인할 수 있게 되었다. 이전에 신이 인간에게 제시해 주었던 진리를 무턱대고 믿는 것이 아니라, 인간 스스로 이성의 힘으로 진리를 찾아 나갈 수 있게 된 것이다. 우리는 이를 철학사적 맥락에서 '합리주의'라고 부른다. 물론 이전에도 합리적 노력들이 없었던 것은 아니다. 다만 이전에는 인간의 이성이 신의 위대함을 입증하기 위해 사용되었다면, 이제 유럽에서 생겨난 새로운 합리주의는 자연을 연구하고 인간을 위해 그 자연을 활용하기 위한 과학적 연구에 매진하게 되었다는 데 차이가 있다. 어떻게 보면 데카르트야말로 근대과학 발전에 있어 가장 중요한 역할을 했다고 할 수 있다. 인간이 스스로의 힘으로 이성을 통해 자기 자신이 있음과 자연의 대상들을 연구할 수 있었던 것은 데카르트의 철학적 반성 없이는 불가능했을지도 모른다.

하지만 데카르트의 철학에 아무런 문제가 없었던 것은 아니다. 앞에서 살펴보았듯이 데카르트는 명석판명한 진리를 얻기 위해 '감각'과 '이성'으로부터 나오는 모든 경험들을 부정하는 방법적 회의를 사용했다. 그 결과 인간 스스로가 '나는 생각한다, 고로 나는 존재한다' 는 진리를 안다 할지라도, 그 이상의 앎을 추구하는 것은 어렵다는 문제가 발생한다. 간단하게 말하자면, 데카르트의 '방법적 회의' 는 우리에게 그저 '나는 생각한다, 고로 존재한다' 라는 명제만이 참임을 알려줄 뿐, 그 외의 것이 옳은지 그른지는 판단할 수 없다는 결론에 도달하는 것이다. 따라서 이 세상에 무엇이 있으며 그것들이 어떠한지에 대해서 알 수 없는 상태로 우리를 이끌게 된다. 우리는 그저 내가 있다는 명석판명한 사실 외에는 아무것도 모른다는 유아론적 불가지론에 빠지게 되는 것이다.

데카르트 또한 이러한 문제점을 잘 알고 있었다. 그는 이러한 상태로부터 벗어나기 위하여 '신' 의 존재를 증명한다. 즉 데카르트에 따르면 '신' 이 없이는 우리가 이 세상의 어떠한 것도, 우리가 존재한다는 사실을 제외하고는 명석판명하게 알 수 없다는 것이다.

이러한 데카르트의 입장은 분명 그의 철학적 한계와 동시에 그가 살았던 시대로부터 완전히 벗어나지 못한 그의 모습을 드러낸다고 할 수 있다. 이는 데카르트가 철저한 인간 중심적이고 합리주의적인 기획을 추구했다는 점을 염두에 둔다면 뭔가 이상하고 찜찜한 일이 아닐 수 없다.

데카르트의 철학적 사유는 짧은 시간에 유럽 전체에 큰 영향을 미쳤다. 데카르트의 철학은 이후 스피노자, 라이프니츠에 이르는 대륙의 합리주의에 큰 영향을 미치는 동시에, 의외로 영국의 로크, 버클리, 흄과 같은 경험주의에까지 영향을 미친다. 물론 합리주의와 경험주의 사이에는 참된 것의 근원이 이성인지 경험인지에 대한 차이가 있지만, 그러한 차이 자체가 '명석판명한 진리의 근원은 무엇인 가?'라는 데카르트의 물음에서부터 발전되어 나갔다는 것은 분명한 사실이다. 그리고 이러한 두 가지 입장은 데카르트의 철학 자체가 지니고 있던 한계인 '신의 문제'를 여전히 포함하고 있었으며, 이 문제는 칸트가 등장하여 합리주의와 경험 주의를 하나로 합치려는 기획이 시도되기 전에는 쉽사리 해결될 수 없었다.

01강 참된 진리를 찾아서

case 1 다음 제시문을 읽고 데카르트가 사용했던 회의를 왜 '방법적 회의'라고 부르는지, 그리고 이를 사용하게 된 이유가 무엇인지 서술하시오.

㉮ "너희들이 아는 것이 진짜 아는 것이 맞을까? 참이라고 생각한 것이 정말 참일까? 우리가 진짜 참에 이르려면 의심을 먼저 해야 한다. 아까 너희들이 영화를 보고 말했듯이 알고 있는 모든 것, 또 내가 행동하고 있는 모든 것이 과연 옳은 것인지 의심하고 또 의심해 봐야 한다. 의심이란 자기 스스로 어떤 것에 대해 다시 생각해 보는 것이다. 그러니 의심을 통하지 않는 진리라는 것이 있을 수 있겠니? 자기 생각과 판단을 거쳐야만, 의심을 해 보아야만 참인지 거짓인지 가릴 수 있는 것이니까 말이다."

– 《데카르트가 들려주는 이성 이야기》 중에서

㉯ "나(데카르트)는 감히 내 삶에는 많은 운이 따랐다고 말할 수 있다. 발견한 길을 따라 몇몇 고찰들과 격률들에 이를 수 있었고, 또 이로부터 하나의 방법을 만들어 내었으며, 이 방법을 통해 내 인식의 폭은 점차 증대되어 마침내 평범한 내 정신과 얼마 남지 않은 내 삶이 허락하는 최고의 정점에까지 조금씩 도달할 수 있을

것으로 보였다. 나는 이미 이 방법을 통해 여러 열매를 거두었기 때문이다. 게다가 나는 항상 나 자신을 판단할 때 자만보다는 불신 쪽으로 기울이려 노력하고, 또 철학자의 눈으로 사람들의 다양한 행위와 시도들을 바라볼 때, 이것들에 있어 공허하고 무용하지 않은 것은 거의 아무것도 발견할 수 없었다. 하지만 진리 탐구에 있어서 내가 이미 성취한 것으로 보이는 진보에 대해서는 더할 나위 없는 만족감을 느끼지 않을 수 없고, 또 순전히 인간의 힘만으로 할 수 있는 일 가운데 정말로 중요한 것이 있다면, 그것은 바로 내가 선택한 그 길이라고 감히 생각한다. 하여 불신에 기대어 세상을 바라본 나의 철학적 사고는 미래에 대해 큰 희망을 품지 않을 수 없게 만들었기 때문이다."

– 데카르트, 《방법서설》 참고

오로지 진리 탐구에 전념하려고 하므로, 나는 앞에서 했던 것과는 반대로 조금이라도 의심할 수 있는 것은 모두 전적으로 거짓된 것으로 간주하여 던져 버리고, 이렇게 한 후에도 전혀 의심할 수 없는 것이 내 신념 속에 남아 있는지를 살펴보아야 한다고 생각했다. 그리고 아주 단순한 기하학적 문제에 있어서조차 추리를 잘못하여 오류 추리를 범하는 사람이 있으므로, 나 역시 다른 사람들과 마찬가지로 잘못을 저지를 수 있다고 판단한다. 그전에 증명으로 인정했던 모든 근거를 거짓된 것으로 던져 버렸다. 끝으로, 우리가 깨어 있을 때에 갖고 있는 모든 생각은 잠들어 있을 때에도 그대로 나타날 수 있고, 이때 참된 것은 아무것도 없음을 알았기 때문에, 지금까지 정신 속에 들어온 것 중에서 내 꿈의 환영보다 더 참된 것은 아무것도 없다고 가상하기로 결심했다. 그러나 이런 식으로 모든 것이 거짓이라고 생각하고 있는 동안에도 이렇게 생각하는 나는 반드시 어떤 것이어야 한다는 것을 알게 되었다. '나는 생각한다, 고로 나는 존재한다'라는 이 진리는 아주 확고하면서 확실하다. 이것을 내가 찾고 있던 철학의 제일원리로 거리낌 없이 받아들일 수 있다고 판단했다.

그런 다음에 내가 무엇인지를 주의 깊게 고찰했으며, 이때 다음과 같은 것을 알게 되었다. 즉, 나는 신체를 갖고 있지 않으며, 세계도 없으며, 내가 있는 장소도 없다고 가상할 수 있지만, 그렇다고 해서 내가 전혀 존재하지 않는다고 가상할 수는 없고, 오히려 반대로 내가 다른 것의 진리성을 의심하려고 생각하고 있다는 사실 자체에서 내가 존재한다는 것이 아주 명백하고 확실하게 귀결되고 있음을 알게 되었다. 그러나 내가 그때까지 상상했던 나머지 다른 것들이 설령 참이라고 하더라도, 내가 단지 생각하는 것만 중단한다면, 내가 존재하고 있었다는 것을 믿게 할 만한 아무런 근거도 없다는 것을 알았다.

– 데카르트, 《방법서설》 참고

주요 개념 및 배경 지식

판단 중지

의심이 된다면 참이라고 생각하지 말자는 데카르트의 규칙이다. 데카르트는 자신의 고유한 방법인 '방법적 회의'를 통해 자신의 철학적 성찰을 공고히 해 나간다.

그런데 그가 방법적 회의를 하면서 사용했던 규칙은 단 하나, 의심이 된다면 그것이 참이라고 생각하지 말자는 것이었다. 이것을 '판단 중지'라고 한다. 다시 말해 어떤 것이 참인지 거짓인지 분명하지 않은 경우에는 그것에 대한 판단을 중지하자는 말이다.

따라서 데카르트가 사용했던 방법적 회의는 우리에게 확실치 않은 것을 판단하는 것을 중지하여, 그것이 확실해질 때까지 꼼꼼하게 따져 보자는 의도를 가지고 있다.

그가 이 세상이 실제로 존재할지도 모른다고 생각한다든가, 아니면 장자가 그러했듯 이 모든 것이 그저 꿈은 아닐까라고 상상해 보는 것, 심지어 이 세상을 어떤 교활하고 강한 악마가 만들어 내어 나 자신을 가지고 노는 것은 아닐까 하고 미심쩍어하는 것도, 데카르트가 실제로 그러한 가정들을 참이라고 여졌기 때문은 아니다.

그는 이러한 가정들을 우리가 명석판명하게 알고 있는 것은 무엇일까에 대한 답을 내리기 위해 임시방편으로 사용할 뿐이다. 즉 데카르트는 우리가 모든 것에 대해서 의심하고 그 결과 우리가 판단을 할 수 없는 상태에 있다 할지라도, 우리가 참이라고 판단할 수 있는 것이 과연 무엇일까에 대해 골몰한 철학자였다.

02강 모든 것을 의심해 보자!

case 1 데카르트는 자신의 이성만을 사용하여 진리를 알 수 있음을 주장했다. 다음 '제시문'을 읽고 이성을 사용하여 행동한다는 것은 어떻게 행동한다는 것을 의미하는지에 대해 논하시오.

"내가 진짜 태안이였는지 의심하지 않았던 잘못도 있지만, 남이 한다고 무조건 따라 했던 잘못은 더 크다고 생각해. 우진이가 내 동생 태안이를 못살게 군다고, 너희들도 덩달아 따돌리고 놀렸던 건 이성을 잃은 행동이 아니었니? 어떤 것이 옳은 것인지, 잘못된 것인지, 그런 것은 너희들 자신의 이성을 통해 판단했어야 되는 것 아니었을까?"

아이들이 모두 나가기라도 한 것처럼 교실 안은 조용했다. 누구도 태균이의 올바른 지적에 대답할 말을 찾지 못했기 때문이었다.

"왕따를 시키는 너희는 그것이 어떤 행동인지 아무런 의심도, 생각도 하지 않았어. 왕따를 당하는 태안이의 마음을 조금이라도 헤아려 본 적 있니? 내가 그런 괴로움을 당했다면 어땠을까, 아니면 내가 하는 일이 옳은가, 그런 생각을 해 본 적 있어? 이성을 가진 사람이라면 그 이성을 올바르게 사용했어야 하는 거라고 나는 생각해. 그걸 깨우쳐 주기 위해 내가 태안이 연기를 했던 거야."

태균이의 진실된 호소에 그제야 이성을 찾기라도 한 듯 아이들의 표정이 심각해졌다. 별생각 없이 넘어뜨리고, 약 올리고, 벙어리라고 놀리고, 중요한 전달도 일부러 빼놓고…… 자신들이 했던 행동을 떠올리면서 아이들은 책상만 내려다보고 있었다.

"태안이를 있는 그대로 봐 주고, 이성적으로 판단해 보길 바란다. 태안이가 과연 왕따를 당해야 할 만큼 부족한 게 많고 나쁜 아이인지."

- 《데카르트가 들려주는 이성 이야기》 중에서

이성: 어떤 대상이나 행위를 인식하고 이유나 근거를 따져서 참된 인식인지, 또는 옳은 행위인지 판단하거나 정당화하는 능력, 또는 그 판단을 바탕으로 행위를 할 것인지 말 것인지에 대해 결정하는 능력이다.

case 2 데카르트는 자신의 새로운 방법론이 당시의 기독교적 진리관과 대립됨으로써 피해를 입진 않을까 걱정했다고 한다. 그럼에도 불구하고 그는 자신의 저서를 출간하여 서양 문화에 잔잔한 파문을 일으킨다. 이와 같은 데카르트의 노력은 모든 이들이 가지고 있는 이성을 믿었으며, 그들의 이성을 설득시킬 수 있다면 아무리 새롭고 이단적인 이론이라 할지라도 차츰차츰 받아들여질 것이라 믿었다는 것을 보여 준다. 다음의 제시문을 읽고, 데카르트가 자신의 학문을 알리기 위해 사용했던 전략과 그러한 전략을 사용할 수 있었던 근거를 추론하여 논술하시오.

㉮ "선생님은 태균이를 보면서 데카르트가 살았던 시대가 떠올랐다. 그 당시에는 모든 것을 종교가 지배해서 사람들은 모두 신만이 무한하다고 믿었고, 천동설이 진리로 받아들여졌다. 현재 밝혀진 것에 의하면 우주의 넓이도 무한하고 지구가 돈다는 지동설이 올바른 지식이지만, 그때는 그 사실을 입 밖에 내기도 어려웠지. 신학의 권위에 도전하는 것으로 받아들여져 목숨까지도 위태로웠으니까. 너희들이 잘 아는 갈릴레이는 지동설을 주장했다가 재판에 회부되었고, 브루노라는 학자는 화형에 처해지기도 했다. 그만큼 진리를 밝히는 것에는 위험이 따랐단다."

열중하는 아이들을 바라보며 선생님이 말씀하셨다.

"선생님이 왜 이런 이야기를 꺼냈을까? 그런 시기에 데카르트는 이런 고민을 했지. 어떻게 하면 천 년을 지배해 온 교회의 폭력과 탄압에서 벗어날 수 있을까? 진리를 알면서도 거대한 교회의 권위 앞에서 말하는 것을 두려워하는 과학자들과 그 진리를 진리인 줄 모르는 사람들을 어떻게 하면 내 편으로 끌어들일 수 있을까? 자신의 과학적 연구 성과를 주장하여 교회와 갈등을 일으키기보다는, 교회와는 되도록 불화를 일으키지 않으면서 은밀하게 사람들을 내 편으로 끌어들이는 묘수는 뭘까? 그런 고민 말이다.”

“그래서 데카르트는 답을 찾았나요?”

준형이가 너무 궁금한 듯 답을 재촉했다.

“물론이지. 데카르트는 자신뿐만 아니라 인간이라면 누구나가 올바르게 판단하는 능력을 가지고 있다고 확신했단다. 그러니 진리에 이르는 길은 모든 인간에게 열려 있다고 생각했던 거지. 전에 선생님이 말했던 진리에 이르는 방법 기억나니? 그 당시 데카르트는 그 방법을 어려운 학술 언어인 라틴어 대신 프랑스어로 썼단다. 많은 사람들에게 읽히기 위해서였지. 사람들이 자신이 제시하는 규칙들을 지킴으로써 올바른 판단을 할 수 있게 되면 과학적 진리가 교회의 주장보다 더 설득력이 있음을 알게 될 거고, 그러면 교회의 권위에 맞서 충분히 싸워 볼 만하다는 것이 데카르트의 판단이자 전략이었다고 할 수 있단다.”

– 《데카르트가 들려주는 이성 이야기》 중에서

❹ 양식(良識)은 이 세상에서 가장 공평하게 분배되어 있다. 왜냐하면 사람들은 누구나 그것을 충분히 갖추고 있다고 생각하고 있고, 다른 모든 것에 있어서는 좀처럼 만족을 하지 않는 사람도 그것만큼은 자신이 갖고 있는 것보다 더 바라지 않기 때문이다. 이 점에 있어 모든 사람의 생각이 잘못되었다고는 볼 수는 없다. 오

히려 이는 잘 판단하고 참된 것을 거짓된 것에서 구별하는 능력, 즉 일반적으로 양식 혹은 이성으로 불리는 능력이 모든 사람에게 천부적으로 동등하다는 사실을 보여 주는 셈이다. 또 우리가 각각 다른 견해를 갖고 있는 것은 어떤 사람이 다른 길을 따라 생각을 이끌고, 동일한 사물을 고찰하지 않는 것에서 비롯되는 것이다. 왜냐하면 좋은 정신을 지니는 것만으로는 충분치 않으며, 그것을 잘 사용하는 것이 더 중요하기 때문이다. (······)

내 스승의 언어인 라틴어가 아니라 내 조국의 언어인 프랑스어로 이 책을 쓰는 것도, 옛날 책들만을 신뢰하는 사람보다는 전적으로 순수한 자연적 이성만을 사용하는 사람이 더 올바르게 내 의견을 판단해 주리라고 기대하기 때문이다. 그리고 이런 양식(良識)과 더불어 학문까지 겸비한 사람만을 내 심판자로 삼고 싶으며, 이런 사람은 내가 일상 언어로 내 근거를 설명했다고 해서 듣기를 거부할 만큼 라틴어를 편애하지 않으리라고 믿는다.

– 데카르트, 《방법서설》 참고

생각 쓰기

----

1 양식(良識)

양식이란, 좋은 지식이라는 뜻이다. 데카르트는 이와 같은 양식이 모든 사람들에게 다 있다고 생각했다. 다만 이러한 양식이 잘못된 교육에 의해서 가려지거나, 아니면 잘못된 방법에 의해 올바르게 사용되고 있지는 않다고 여겼다. 데카르트는 모두에게 양식이 있기는 하지만 이처럼 잘못된 사용으로부터 구제하여 올바른 방법을 제시하는 것이 자신의 학문적 임무라고 여겼다.

데카르트에게 있어서 양식이란 이성과 같은 의미로 사용된다. 앞에서도 나왔듯이 이성이란 어떤 현상이나 사실로부터 그것의 이유나 원리를 찾아내는 인간의 고유한 능력을 말한다. 그러므로 만약 사람들이 이러한 고유한 능력을 이러한 고유한 능력을 제대로 발휘하지 못한다면, 이는 그가 잘못된 이성을 가지고 있다기보다는 잘못된 방법을 사용하여 추론했기 때문이라는 게 데카르트의 주장이다.

2 인쇄술의 발전

서양 유럽은 르네상스를 거치면서 커다란 변화를 겪게 되는데, 그중 특기할 만한 것은 인쇄술의 발명이다. 인쇄술의 발달은 라틴어를 중심으로 진행되던 유럽의 학문 영역에 큰 변화를 일으킨다. 모든 사람이 라틴어를 읽을 수는 없었기 때문에, 라틴어로만 전수되던 지식들이 각 나라의 모국어로 번역되기 시작했기 때문이다. 이 시기에 《성경》도 전통을 깨고 각 나라 말로 번역되어 널리 읽히기 시작했다.

데카르트가 자신의 책을 모국어인 프랑스어로 출판할 수 있었던 것도 이러한 인쇄술의 변화와 큰 관련이 있다. 모든 사람들이 널리 책을 읽을 수 있게 된 이상 계속해서 스콜라주의에 푹 빠져 있는 학자들을 통해서만 자신의 이론의 정당성을 인정받을 필요가 없어졌기 때문에, 데카르트는 오히려 모국어로 저술하여 자신의 이론을 널리 알리고자 했던 것이다. 데카르트는 자신이 프랑스어로 저술한 이유가 기존의 이론에 빠져 있지 않으면서 양식을 지니고 있는 모든 사람들에게 자신의 이론이 옳은가 그른가를 판단할 수 있게 해 주기 위해서라고 설명하고 있다.

이제 인쇄술의 발전으로 서양 유럽에는 특권 지식 계층이 사라지고, 글을 읽을 줄 아는 모든 사람들이 자유롭게 자신의 책을 출판하고 서로 토론할 수 있는 문화가 자리 잡게 된다. 데카르트는 이러한 시대적 분위기를 잘 활용할 줄 알았던 사람이었다.

03강 '나는 생각한다, 고로 나는 존재한다'

㉮ 데카르트는 학문 전체를 한 그루의 나무에 비유하고 있습니다. 이를테면 학문 전체는 뿌리, 줄기, 가지로 이루어진 한 그루의 나무라는 겁니다. 그 뿌리에 해당되는 것이 철학(형이상학), 줄기에 해당되는 것이 자연학(예를 들면 물리학과 같은 과학), 그리고 가지에 해당되는 것이 의학, 기계학, 도덕학입니다.

우리가 학문이라는 나무를 키우는 이유는 뭘까요? 그것은 의학이라는 가지에서 열리는 열매, 기계학이라는 가지에서 열리는 열매, 도덕학이라는 가지에서 열리는 열매를 따먹기 위해서라고 할 수 있습니다. 다른 말로 표현하자면 건강하기 위해서, 편리하기 위해서, 그리고 품위 있는 삶을 위해서 우리는 학문을 한다고 할 수 있어요.

그런데 학문이라는 나무의 가지에 열리는 열매의 내용이 알차기 위해서는 나무가 어때야 할까요? 줄기가 튼튼해야겠죠. 그리고 줄기가 튼튼하려면 뿌리가 튼튼해야 할 테고요. 그런데 학문의 나무에서 뿌리에 해당되는 것은 뭐였죠?

철학!

한 그루의 나무가 튼튼하게 잘 자라기 위해서는 줄기가 튼튼해야 하고 줄기가 튼튼하기 위해서는 그 뿌리가 건강해야 하는 것처럼, 학문이라는 나무를 튼실하게 키워 우리가 그 열매를 즐기기 위해서는 자연학이 튼튼해야 하고 자연학이 튼튼하기 위해서는 철학이 건강하고 튼튼해야 한다고 할 수 있습니다.

더 튼실한 열매를 더 많이 따기 위해서는 자연을 탐구하는 여러 학문들을 튼튼하게 만들어야 하는데, 그러기 위해 모든 학문의 뿌리인 철학을 했던 것이지요. 철학 자체가 목표는 아니었습니다. 다시 말하면 '나는 생각한다, 고로 나는 존재한다' 라는 그 누구도 의심할 수 없는 철학의 제1원리를 발견하고 그것을 거점으로 삼아 자연에 대한 탐구가 더 이상 신학자들과 회의론자들의 공격에 의해 우왕좌왕하지 않고 진리에로의 길을 걸어갈 수 있도록 도와주려는 것이 데카르트가 철학을 한 의도였다고 할 수 있습니다.

– 《데카르트가 들려주는 의심 이야기》 중에서

❹ 어린 시절 내가 얼마나 많이 거짓된 것을 참된 것으로 간주했는지, 또 이것 위에 세워진 것이 모두 얼마나 의심스러운 것인지 모른다. 그래서 학문에 있어 확고하고 불변하는 것을 세우려 한다면 일생에 한 번은 이 모든 것을 철저하게 전복시켜 최초의 토대에서부터 새롭게 시작해야 한다는 것을 이미 몇 해 전에 깨달은 바

가 있다. 그런데 이것은 쉬운 일이 아니라고 생각했기 때문에, 이 일을 적절하게 실행할 수 있는 성숙한 나이가 되기를 기다렸다. 그러나 다행히 오늘 내 정신은 모든 근심에서 벗어나 있고, 은은한 적막 속에서 평온한 휴식을 취하고 있으므로, 지금까지 내가 품고 있던 모든 의견을 진지하고 자유롭고 즐겁게 전복시켜 볼 생각이다.

– 데카르트, 《성찰》 중에서

🄓 나는 내 모든 생애를 바쳐 이처럼 필요한 학문을 탐구하기로 작정했다. 또 방해만 받지 않는다면 틀림없이 그런 학문에 이를 수 있는 길을 발견할 수 있는데 걸림돌을 제거하기 위해서는 무엇보다도 다음과 같이 하는 것이 좋겠다고 생각했다. 즉, 내가 발견한 것 모두가 세상 사람들에게 제대로 알려서 유능한 사람들이 더욱 앞으로 나아가도록 장려하고, 그들의 취향과 능력에 따라 필요한 실험에 동참하도록 유도하며, 마찬가지로 그들도 자신이 배운 것을 세상에 전하도록 하여 후세 사람들로 하여금 이전 사람들이 마친 곳에서 시작하게 하고, 이런 식으로 많은 사람들의 생애와 작업을 합치면 각자가 홀로 도달하는 것보다 훨씬 더 멀리 나아갈 수 있다고 생각했다.

– 데카르트, 《방법서설》 중에서

생각 쓰기

아비투어 철학 논술

예시 답안

case 1 데카르트는 자신이 지금까지 배워 왔던 모든 것들과 경험했던 모든 것들이 정말로 그러한 것인지에 대해서 의심했다. 그는 스스로 확신할 수 있는 진리가 과연 있기는 한 것인지, 그리고 만약에 있다면 어떤 것인지를 자신의 이성을 통해 스스로 파악하기 위한 방법으로써 의심을 했다. 그 때문에 그러한 의심(회의)을 '방법적 회의' 라고 한다. 이러한 '방법적 회의' 를 거쳐서 얻게 된 진리는 더 이상 반박될 수 없는 것임이 분명하다. 따라서 이러한 진리를 근거로 다른 다양한 것들의 진리를 차근차근히 알아 나간다면 우리는 분명 더욱 많은 진리들을 파악할 수 있다고 데카르트는 생각했다.

결국 데카르트가 사용했던 '방법적 회의' 란 모든 것을 모른다는 결론을 도출하기 위해서가 아니라, 모든 것을 의심의 눈길로 바라봄으로써 더욱 명석판명한 진리로 나아가기 위한 일종의 사다리와 같은 것이라고 할 수 있다.

case 2 데카르트는 우선 지금까지 안다고 믿어 왔던 모든 것들을 확실하지 않은 것으로, 다시 말해 참된 것이 아닌 것으로 가정함으로써 자신의 '방법적 회의' 를 시작한다. 그는 우선 감각을 통해 받아들이는 것 중 참된 것이 아닌 경우가 있으므로, 감각으로 받아들이는 모든 것들을 거짓으로 치부한다. 다음으로 데카르트는 수학이나 기하학에 있어서조차 우리들이 실수하는 경우가 있기 때문에, 그것들조차 믿을 수 없다고 한다.

한 걸음 더 나아가 데카르트는 우리가 꿈꾸고 있을 때조차 깨어 있는 것과 같은 것들을 경험하고 생각한다는 이유로, 우리가 깨어 있을 때 느끼는 모든 것들이 꿈꾸고 있을 때와 같이 허황되고 거짓된 것일지도 모른다고 주장한다. 결국 데카르트는 감각, 이성, 그 외 모든 것의 순서로 의심하고 그것에 대한 진리를 부정하기에 이른다.

하지만 이렇게 모든 것들의 진리를 부정함에도 불구하고, 그것들을 의심하고 부정하는 자기 자신은 부정할 수 없음을 데카르트는 깨닫는다. 다시 말해 데카르트 자신이 그 모든 것들을 의심하는 한, 자기 자신이 존재하고 있다는 사실 그 자체는 부정할 수 없다는 것은 분명한 진리이다. 따라서 데카르트는 자신이 '의심하고 있는 존재', 다시 말해 '생각하고 있는 존재' 라는 것에 있어서는 어떤 강력한 회의주의를 사용한다고 해도 반박할 수 없다고 본다. 그는 이로부터 '나는 생각한다, 고로 나는 존재한다' 는 결론에 도달하게 된다.

주 제 탐 구 **02강** 모든 것을 의심해 보자!

case 1 이성이란 철학 사전의 인용문에서도 알 수 있듯이, 어떤 것을 꼼꼼히 따져 보아서(계산) 그에 합당한 이유를 찾는 인간의 능력을 의미한다. 태균이가 반 아이들에게 자신의 동생 태안이를 왕따시켰던 것에 대해서 그것이 비이성적인 행위였다고 이야기한 것은, 반 아이들이 태안이를 괴롭혔던 행위 자체에 대해서 이성적인 반성을 해 보지 않고 무비판적으로 행했기 때문이다. 만약 아이들이 이성적인 반성을 통해 자신들의 행위의 이유나 근거를 꼼꼼히 따져 보았다면, 그들은 태안이에게 그러한 행동을 하는 것이 비이성적이라는 것을 깨닫고 더 이상 그러지 않았을 것이다. 왕따를 시킨다는 것은 이성적이라기보다는 일종의 집단적 광기처럼 비이성적이고 합리적이지 않은 행동임에 분명하기 때문이다.

이와 같이 이성을 사용한다는 것은 어떤 대상을 있는 그대로 파악하고자 하는 노력인 동시에, 자신의 행동이나 행위 또한 합당한 이유가 있는지 아닌지에 대해 판단하고 스스로 고쳐 나가는 인간의 고유한 능력인 것이다. 이성은 우선 인간으로 하여금 우선적으로는 어떤 대상을 올바르게 알게 해 주는 능력인 동시에, 우리의 행위가 합당한지 아닌지에 대해 반성할 수 있게 해 주는 정신적 능력이다. 우리 인간은 이성을 사용하여 진리를 알 수 있는 동시에, 윤리적이며 도덕적으로 살 수 있다.

case 2 데카르트가 살던 16세기의 유럽은 기독교가 주는 종교적 진리와 그 진리를 담보한다고 믿은 라틴어가 사람들로 하여금 참된 앎에로 나아가게 하는 중심 역할을 했다. 그뿐 아니라 그 시기에 있어서 새로운 과학적 진리의 발견이 기독교의 믿음과 반대될 때에는 종교 재판을 통해 억압하든가, 심지어는 브루노의 경우에 있어서와 같이 화형에 처하기도 했다. 아마도 데카르트는 이러한 모진 곤욕을 치르지 않고서도 자신의 사상이나 이론을 전파할 수 있는 방법을 선택하고자 했을 것이다.

이는 데카르트로 하여금 은밀한 전략을 짜게끔 했다. 우선 데카르트는 모든 사람들에게 양식(良識) 혹은 이성이라고 하는 능력이 있음을 강조한다. 그가 강조하는 양식 혹은 이성은 천부적으로 공평하게 분배받은 것이며, 따라서 이 또한 하느님이 인간에게 준 능력임에 틀림없다고 믿었다. 그리고 만약에 어떤 한 사람이 자신의 이성을 올바르게 사용하여 진리에 접근하고자 한다면, 반드시 데카르트 자신이 주장하고 있는 새로운 진리들에 대해서도 그것이 참된 것임을 받아들일 수 있음에 틀림없다고 데카르트는 확신하였다.

하지만 《방법서설》에서도 밝히고 있듯이, 데카르트는 양식 혹은 이성을 가지고 있는 것만으로는 불충분하며 그것을 올바르게 사용하는 것이 더 중요하다고 여겼다. 그리고 자신의 책은 그러한 방법을 사람들에게 알려 주고자 함일 뿐이라는 겸손한 입장에 선다.

결국 데카르트는 하느님이 우리 인간에게 주신 능력인 이성을 올바르게 사용하고자 하는 사람들을 인도하기 위해 자신의 저서를 쓴다고 이야기함으로써, 당시 기독교적 세계관이나 신학에 대립하지 않고서도 자신의 철학이나 과학적 이론들을 출판할 수 있었던 것이다.

이러한 데카르트의 전략은 그가 라틴어가 아닌 프랑스어로 자신의 책을 출간한 것에서도 확인할 수 있다. 왜냐하면 이성을 설득시키는 데 있어서 어떤 언어로 하느냐는 중요한 문제가 아니기 때문이다. 이는 마치 우리가 수학을 배울 때, 한국어로 배우든 영어로 배우든 라틴어로 배우든 그 내용 자체는 동일한 이치와 마찬가지이다. 아니 오히려 라틴어를 읽을 줄 아는 사람은 이전의 학문들을 공부한 학자일 가능성이 높다. 따라서 그는 옛 이론에 푹 빠져 있는 나머지 데카르트 자신의 새로운 사상과 이론을 받아들일 수 없는 사람일지도 모른다. 이와 같이 옛 이론에 빠져서 오류를 범하는 사람들보다는 오히려 아무것도 아는 것이 없다 할지라도 그저 양식 혹은 이성을 올바르게 사용할 줄 아는 사람이야말로 자신의 이론을 더 쉽게 이해할 수 있을 것이라고 데카르트는 생각했다.

case 1 데카르트의 '방법적 회의'란 지금까지 자신이 알고 있던 모든 것을 부정함으로써 명석판명한 진리에 도달하는 사유 실험의 방법을 의미한다. 이는 이전의 학문들이 진리라고 인정했던 모든 것을 부정하는 것으로써, 철학 혹은 형이상학의 진리들뿐만 아니라 심지어는 자연과학적 진리들까지도 이러한 부정의 대상에 해당하는 것이다. 데카르트가 자신의 저서《성찰록》에 밝히고 있듯이 기존의 모든 진리는 확고한 토대를 가지고 있지 못하기에 불확실하며, 이제 다양한 참된 것들을 알기 위한 하나의 확고한 토대를 세우는 것이 그의 사명이었던 것이다.

데카르트가 이처럼 모든 학문들에 대한 전복과 새로운 토대 정립을 희망했던 것은, 그 스스로가 그 시대의 학문이 하나의 튼튼한 나무처럼 잘 자라기를 바랐기 때문이라고 할 수 있다. 그는 학문의 체계를 나무에 비유했는데 우리에게 직접적인 도움을 주는 의학, 기계학, 도덕학은 그 열매에, 그리고 자연학은 그 열매에 영양분을 공급하는 줄기에 해당된다. 그런데 자연과학이라는 나무의 줄기는 철학 혹은 형이상학이라는 뿌리가 없이는 말라 죽을 수밖에 없다는 것이 데카르트의 생각이었다.

결국 그는 다양한 자연학에 대한 논문들을 쓰면서 자신이 자연학에 적용했던 방법들이 과연 올바른 것인지 그른 것이지에 대한 확신을 철학적 반성을 통해 얻을 수 있었다. 그리고 그러한 확신을 얻으려면 철학적 반성 또한 명석판명한 방식을 택해야만 한다. 이러한 명석판명한 철학적 반성을 위해 그는 '방법적 회의'를 철저하게 끝까지 밀고 나갔으며, 그 결과 어떠한 의심도 받지 않을 수밖에 없는 진리인 '나는 생각한다,

고로 나는 존재한다'에 도달하게 되었다. 이를 근거로 우리 인간이 생각하는 것이 양식 혹은 이성에 근거한 합리적인 것이라면, 그것은 믿을 만한 것일 수 있다는 것이 데카르트의 결론이었다.

데카르트는 그저 자신의 자연학을 위한 토대로서 자신의 철학적 사유를 전개했던 것은 아닌 듯하다. 그가 《방법서설》에서도 밝히고 있듯이, 엄밀한 방법을 통해서 세워진 철학적 토대는 자연학을 공부하는 다른 모든 이들을 위한 토대 또한 될 수 있다고 여겼다. 왜냐하면 데카르트가 보기에 그들 또한 양식 혹은 이성을 가지고 있을 것이며, 그들이 이를 올바르게 사용한다면 데카르트 자신과 똑같은 철학적 혹은 형이상학적 결론에 도달할 것임에 분명했기 때문이다. 따라서 데카르트가 제시하는 철학적, 형이상학적 고찰은 자연학을 연구하는 모든 이들에게 명석판명한 토대를 제공할 것이며, 이러한 굳건한 토대 위에서 자연학은 더 이상 철학적 반성에 시간을 뺏길 필요 없이 자신의 발전을 한 단계 높일 수 있게 만들어 줄 것이다.

확고한 뿌리를 가진 나무는 두꺼운 줄기를 가지고서 수많은 열매를 맺듯이, 학문 또한 굳건한 토대가 있다면 자연학을 발전시킬 수 있으며, 이러한 자연학의 발전은 우리 인간에게 유용한 학문인 의학, 기계학, 도덕학이 제공하는 달콤한 열매를 누릴 수 있게 해 줄 것이라는 점이 데카르트가 꿈꾸었던 학문적 세계이다. 그리고 그는 자기 스스로는 겸손하게도 아주 작은 것을 했을 뿐이라고 말함에도 불구하고, 이 꿈을 이루기 위해 오랜 시간을 사색과 철학적 반성으로 보냈으며, 결국 '나는 생각한다, 고로 나는 존재한다'라고 하는 명석판명한 학문의 제1원리에 도달할 수 있었던 것이다.

철학자가 들려주는 철학이야기 025

로크가 들려주는 타불라라사 이야기

저자_송종인
한국외국어대학교 철학과 박사 과정 중에 있으며, 아시아나 학술대회에서 수상을 했다. 현재 스카이에듀 논술 강사로 재직하고 있다.

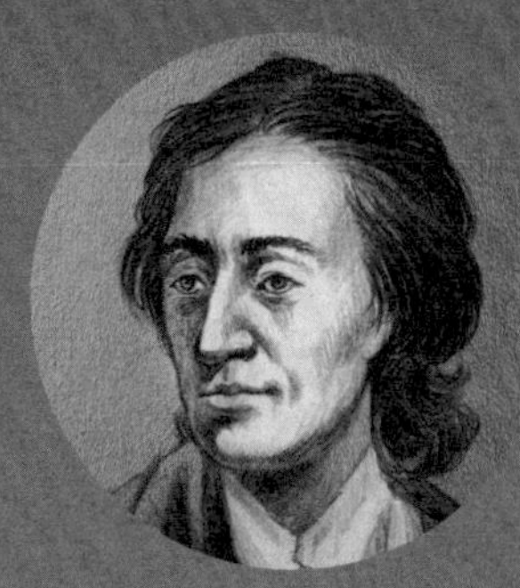

로크의 '타불라라사'

1. 경험만이 존재한다
2. 단순 관념과 복합 관념
3. 사회는 계약을 통해 이루어졌다
4. 서로 이해하며 사는 것이 평화롭게 사는 길이다

로크의 '타불라라사'

1 경험만이 존재한다

데카르트가 문을 열었던 근대 철학은 이후 크게 두 갈래로 나아가게 된다. 하나는 프랑스를 중심으로 독일에까지 퍼져 있었던 대륙의 합리주의였다. 합리주의는 인간의 정신에 고유하게 있는 것이야말로 참된 진리의 근원이라고 여겼다. 따라서 합리주의자들은 경험이란 불확실한 것으로, 진리의 기준이 되기보다는 그저 진리를 다시 한 번 확인할 수 있게 해 주는 역할을 하는 정도로만 생각했다. 합리주의자들은 인간에게는 태어날 때부터 가지고 있는 본유관념이란 것이 있으며, 그 본유관념은 언제나 참된 진리를 함축하고 있다고 여겼다. 그들이 즐겨 사용했던 예는 기하학에서의 삼각형이었다. 삼각형 내각의 총합이 180도라는 것은, 우리가 경험을 해서는 결코 알 수 없으며 오히려 삼각형이라는 관념을 올바르게 직관할 수 있다면 그 사실을 알 수 있는 것이라고 그들은 여겼다. 현실 세계에는 완벽한 삼각형이 없음에도 불구하고, 인간이 그러한 삼각형이라는 관념을 완벽하고 참되게 알고 있다는 사실이 그들 주장의 근거였던 셈이다.

반대로 영국을 중심으로 전개되었던 경험주의라는 또 다른 근대 철학의 갈래가 있다. 경험주의자들은 합리주의자들과는 반대로, 인간의 정신 안에 있는 모든 관념은 오로지 경험으로부터만 유래한다고 믿었다. 그들은 합리주의자들이 주장하는 본유관념 같은 것은 그저 헛된 상상력으로부터 나오는 허구일 뿐이라는 과격한 주장까지 내세우곤 했다. 그들은 모든 것이 경험으로부터 오며, 인간의 정신은 이러한 경험들로부터 받은 내용들을 정리하고 일반화시키고 추상하는 작용을 하며 이것이 바로 인간의 지식이 구성되는 방식이라고 여겼다. 그들의 주장에 따르면, 삼각형에 대한 관념 또한 우리가 경험을 통해서 혹은 교육을 통해서 익힘으로써 완성되는 것일 뿐이다. 갓 태어난 아기가 삼각형의 세 각을 다 더하면 180도라는 사실을 모르는 것처럼, 우리 인간이 애초에 그런 관념들을 가지고 있다는 사실은 상식에 어긋난다고 보았던 것이다.

대부분의 사람들은 이와 같은 경험주의가 로크로부터 시작했다고 본다. 로크는 데카르트가 주장했던 본유관념을 정면에서 직접적으로 반박하면서, 자신의 경험론적 입장을 공고히 했던 사람이기 때문이다. 따라서 로크는 데카르트가 경험이란 불완전하고 믿을 수 없는 것으로 바라보는 입장에 대해서 반대한다. 오히려 로크는 데카르트가 말하는 명석 판명한 관념이란 것들이 있지도 않은 거짓말에 해당하는 것이라고 비판한다. 그는 이러한 반박을 상식에 근거해서 증명해 낸다. 로크야 말로 상식적인 선에서 설명할 수 있는 것에 만족했던 최초의 철학자라 할 수 있을 것이다.

② 단순 관념과 복합 관념

로크는 관념이란 인간의 감각적 경험으로부터 출발해서 형성되는 것이라고 생각함으로써, 데카르트의 철학과 갈라선다. 그는 인간의 정신에 나타나는 관념이란 각각의 감각기관들이 받아들인 단순 관념들이 있고, 이를 인간의 정신이 종합하고 추상화하고 일반화시킨 복합 관념이 있다고 주장한다. 그러므로 우리가 받아들이는 단순 관념에는 모양이나 형태 혹은 색과 같은 시각적인 것들, 맛과 같은 미각적인 것들, 냄새와 같은 후각적인 것들, 단단함이나 무름과 같은 촉각적인 것들, 소리와 같은 청각적인 것들 등이 있다. 우리는 이러한 각각의 단순 관념들을 제각각 다르게 받아들이지만, 인간의 정신은 이것들을 모아서 하나의 사물로 인식한다. 따라서 인간의 정신은 감각적 경험들인 단순 관념을 받아들일 때는 수동적인 상태에 있지만, 이것들을 종합하여 일반화시키고 추상화시킬 때에는 능동적인 작용을 하고 있는 것이다.

그런데 재미있는 사실은, 우리가 로크의 경험주의를 따라간다면 외부 사물들의 실재하는 것 그 자체를 알 수 없다는 결론에 도달하게 된다. 왜냐하면 그 사물들은 그저 우리의 감각에 의해서 받아들여지는 단순 관념들에 불과하기 때문이다. 여러분들이 지금 보고 있는 이 책도, 까만색과 하얀색, 단단한 정도, 냄새 등을 그저 우리에게 전해줄 뿐, 책 그 자체를 여러분들이 받아들이는 것은 아니다. 결국 로크는 인간은 그저 이와 같은 단순 관념들을 추상화하고 일반화하면서 끊임없이 참된 앎을 추구해야만 한다고 주장하게 된다. 우리는 감각을 통해 수동적으로 받아들이는 것이 실제로 있는 대상과 일치하는지, 그리고 우리가 단순 관념들로부터 추상한 복합 관념이 실재와 일치하는지 확실하게 장담할 수는 없지만, 그래도 우리가 이것들을 능동적으로 잘 다룬다면 자연 안의 사물들에 대한 참된 인식에 언젠가는 도달할 수 있다는 것이 로크의 생각이었다.

또한 로크에 따르면, 인간은 경험을 통해 자신의 관념을 받아들이고 형성해간다고 보았다. 따라서 이제 막 태어난 아이는 어떠한 경험도 하지 않았기 때문에, 순수한 백지상태에 있다고 생각했다. 이러한 상태를 로크는 라틴어를 사용하여 '타불라라라사' 라고 명명했다. 이러한 순수하고 깨끗한 상태에 있는 어린아이는 자라면서 수많은 경험을 하게 되고, 자신의 정신이 발휘하는 능동적 기능에 의해 관념들을 종합하고 일반화시키면서 지식들을 쌓아나가게 되는 것이다.

– 《로크가 들려주는 타불라라사 이야기》 중에서

❸ 사회는 계약을 통해 이루어졌다

로크는 자신의 철학을 상식적인 것들을 근거로 설명했다는 점에서 이전의 철학자들과는 다른 면을 많이 보인다. 그는 상식에 근거하여 자신의 경험주의적 입장을 공고히 다져 나갔다. 그리고 로크가 상식을 중요시한다는 것은 그가 사회 이론을 구축하는 데 있어서도 확인할 수 있다. 로크는 우리가 살고 있는 사회가 계약을 통해서 구성되었다고 생각했다. 물론 이러한 생각은 로크만의 고유한 것이 아니다. 그 이전부터 이미 사람들은 사회가 일종의 계약을 통해 형성된 것일 거라고 여겨왔기 때문이다. 하지만 로크는 계약 이전의 사람들은 어떤 세상에서 살아가고 있었는가에 대해서 그럴 듯한 가설을 내놓았다.

로크에 따르면, 사람들은 계약을 통해 사회를 구성하기 전에는 자유로운 자연 상태에서 살았다. 이러한 자연 상태에서 사람들은 자연으로부터 자신이 원하는 것을 얻어서 자신의 소유물로 만들어 가면서 생활했다. 로크는 개인의 소유물이란 공공의 재산인 자연으로부터 자신의 노동을 부여하여 생기는 것이라고 설명했다. 이러한 자연 상태는 자유롭고 평화로웠을 것이다. 하지만 언제나 그렇듯 이러한 자연 상태 안에서도 욕심이 많은 사람이 있었을 것이다. 그 욕심 많은 사람들이 자신의 소유물을 더 늘리기 위해 다른 사람의 것을 빼앗으려고 했을 것이고, 그로 인해 사람들은 전쟁 상태에 빠지게 되며 항상 다른 사람들을 의식하면서 불안하게 지내게 되었던 것이다. 그러다가 이성이 발달하면서 사람들이 생각하길, 서로 계약을 맺어서 사회를 구성해서 산다면 이렇게 불안한 삶을 살 필요가 없을 것이라 여겼다. 이로부터 계약을 맺고 사회를 구성하게 되었다는 것이 로크의 사회계약에 대한 설명이다.

사람들이 사회계약을 통해 자연 상태에서 사회에로 옮겨간다 하더라도, 자연 상태에서 누렸던 자유, 평화, 권리는 여전히 유지된다. 이를 로크는 자연권이라고 불렀다. 로크에 따르면 이러한 자연권은 어느 누구도 침해할 수 없는 인간의 고유한 권리이다. 심지어는 왕조차도 이러한 권리를 침해할 수 없다. 하지만 당시의 절대왕정 시대는 이러한 자연권을 침해하는 것을 당연한 듯이 여겼다. 로크가 생각하기에, 이는 왕의 권력이 너무 강한 탓이었다. 따라서 로크는 이러한 막강한 권력을 나누어서 서로 견제하게 만들면 더 이상 각 개인의 고유한 권리가 침해되는 일이 없을 거라 여겨, 삼권분립을 주장한다.

– 《로크가 들려주는 타불라라사 이야기》 중에서

삼권분립이란 이전에 왕이 모두 독차지하고 있던 입법, 사법, 행정이라는 세 권리를 쪼개서 각각에게 독립적 권한을 부여하는 것을 말한다. 서로는 서로에 대해서 독립해 있지만, 그중 하나가 절대적 권한을 가질 수 없도록 서로 견제를 할 수 있는 장치 또한 필요하다고 로크는 주장했다. 사실 로크가 살던 시대의 영국은, 이미 왕권이 약해져서 입법과 사법이 따로 독립적인 위치에 있었기 때문에, 그의 이러한 아이디어는 별로 새로운 것이 못 되었다. 하지만 미국과 프랑스의 경우에는 달랐다. 미국에는 아직 제대로 된 나라가 없었고, 프랑스에는 절대왕정이 최고조에 달했던 시기였다. 결국 로크의 삼권분립 이론은 미국과 프랑스의 혁명에 결정적인 역할을 하게 된다.

❹ 서로 이해하며 사는 것이 평화롭게 사는 길이다

로크의 사회계약설에서도 알 수 있듯이, 로크는 사람들이 어떻게 하면 서로에게 피해를 주지 않으면서 평화롭게 살 수 있을까에 대한 고민을 많이 했다. 당시에는 영국뿐만 아니라 유럽 대륙 전체가 종교 혁명에 의해 대립과 갈등을 심하게 겪고 있었다. 서로가 서로의 종교에 대해서 비난하고 헐뜯고, 심지어는 믿음이 다르다는 이유로 죽이는 일까지 서슴지 않고 자행하던 시절이었다. 영국도 가톨릭과 개신교 사이의 갈등이 있었던 데다가, 새로운 영국의 종교인 국교회까지 난립하여 매우 혼란스러운 시기였다.

로크는 이러한 사회상을 보면서, 이와 같은 종교적 갈등을 어떻게 해결할 수 있을까에 대해 생각했다. 그는 우선 국가가 종교적 문제에 개입함으로써 무시무시한 일들이 벌어진다는 것을 경험을 통해 알게 되었다. 그러므로 우선 시급한 문제는 국가가 종교에 개입하는 것을 막는 일이었다. 그는 여기서도 상식적인 사실에서부터 출발한다.

로크에 따르면 국가는 현실 세계의 문제를 해결하며, 사람들의 소유권에 대한 불화를 해결해 주기 위해서 존재하는 것이다. 반면 종교는 현실 세계에 대해서라기보다는 죽은 이후의 세계, 다시 말해 내세에 대한 안녕과 축복을 주는 역할을 한다. 따라서 국가와 종교는 서로 다른 영역을 담당하고 있다는 것이 로크의 생각이었다. 국가가 백성들의 내세를 책임질 수 없다면, 국가는 백성들이 자신의 내세를 위해 어떤 종교를 선택하든지 이를 강요할 권리가 없다. 반면 종교는 백성들의 내세를 위한 보금자리를 마련해 주는 역할을 하므로 국가가 하는 일에 끼어들어서는 안 된다. 이렇듯 서로 자신의 역할에만 충실하면서 상대방의 영역에 개입하지 않는 것이 서로 공존하는 길이라고 로크는 보았다. 따라서 국가는 종교의 자유를 인정해 주며, 종교는 이러한 자유를 인정받는 대신에 국가의 일에 간섭하지 않는 것이 가장 좋은 방법이라고 로크는 주장한다.

로크가 주장했던 국가와 종교 사이의 이와 같은 공존은, 로크가 상식적인 선에서 현실적 문제를 해결하고자 했음을 잘 보여 주고 있다. 로크는 자신의 철학적 사상을 주장할 때에도 상식에 근거를 두었으며, 사회의 문제에 대한 해결책을 제시할 때에도 상식적인 선에서 해결할 수 있는 것들을 제시했다. 아마도 이러한 로크의 사유 방식은 그가 경험론자라는 점을 염두에 둔다면 가장 잘 이해될 것이다.

경험주의자 로크

case 1 쌍둥이로 태어났음에도 불구하고 서로 다를 수 있는 근거는 무엇일까? 다음 ㉮, ㉯의 제시문을 읽고 로크의 경험주의를 토대로 이를 서술하시오.

㉮ "아무래도 내가 형인 것 같아."

한솔이가 말했습니다.

"넌 너무 어린애 같거든? 흙바닥에 낙서를 하고 그것도 더럽게 손으로 쓱쓱 문지르는 행동은 어린애나 하는 짓이야. 아무리 나랑 닮은 쌍둥이 형제라고 해도 넌 나와 너무 달라. 내가 형인 게 분명해!"

한솔이가 한심하다는 듯 한강이를 쳐다봅니다.

"도대체 뭐가 어린애 같다는 거냐? 이건 창조적인 행동일 뿐이지. 그리고 흙이 왜 더럽냐? 자연과 가까워지려는 행동이지. 나처럼 세상을 넓게 볼 줄 아는 사람이 당연히 형이지. 너처럼 공부만 잘하고 모범적이라고 형이냐? 헤헤."

– 《로크가 들려주는 타불라라사 이야기》 중에서

㉯ 우리가 말한 대로 정신은 어떠한 특성도, 관념도 없는 백지라고 가정해 보자. 그렇다면 그러한 정신은 어떻게 관념을 갖추게 되는가? 인간의 부지런하고 무한

한 상상력이 거의 무한정으로 다양하게 그려내는 저 거대한 축적물을 정신은 어디에서 얻는가? 정신은 모든 추리와 지식의 재료들을 어디에서 얻는가? 이에 대해 나는 한마디로 그것은 경험을 통해서라고 대답하겠다. 즉 우리의 모든 지식은 경험에 기초해 있고, 궁극적으로 경험으로부터 그 기원을 찾을 수 있다.

– 로크, 《인간의 이해력에 대하여》 참고

㉮ "로크는 우리가 지금까지 몰랐던 새로운 사실이나 물건에 대해서 알기 위해서는 두 가지가 필요하다고 했어요. 먼저 사람의 다섯 감각을 통해서 알고 감각을 통해서 안 것을 마음속으로 다시 한 번 생각하고 정리해서 완전하게 알게 된다고요. 이런 작업을 로크는 반성이라고 했어요. 처음 보는 물건을 보고 이렇게 감각과 반성을 통하여 완전하게 알게 된 것을 로크는 관념이라고 한 것이죠."

– 《로크가 들려주는 타불라라사 이야기》 중에서

㉯ 로크의 주장에 따라 우리가 어떠한 물건이나 행위에 관한 인상을 판단하는 과정은 다음과 같습니다.

사과를 먹는다는 가정을 해 봅니다. 우리가 사과를 떠올릴 때는 어떤 기억을 토대로 그 이미지를 형성합니다. 일반적으로 떠오르는 사과의 형상은 단순하지만 실제로 그 기억의 구성 요소는 다양합니다. 이전에 먹었던 사과에 관한 인상, 물기가 있었으며, 새콤하거나 달콤했고, 붉은 것도 있고 덜 익은 초록색을 띤 것도 있습니다. 이런 여러 가지를 느끼면서 여러 번 사과를 먹은 경험을 하고 나서야, 우리는 사과에 대한 종합적인 이미지를 가질 수 있는 것입니다. 처음에 사과를 먹을 때는 이와 같은 복합 관념이 없습니다. 하지만 여러 번 사과를 먹어 보고 나서야 복합적인 표상을 형성하는 것입니다.

　이와 비슷한 과정을 거쳐 우리는 밥이라는 이미지, 생선 구이라는 이미지, 집이라는 이미지 등을 기억하게 됩니다.

생각 쓰기

주요 개념 및 배경 지식

1 경험

경험주의에서 사용되는 '경험' 이란 단어는 일상적인 용법에 고유한 철학적 의미가 덧붙여진 것이다. 우선적으로 경험은, 일상적인 생활에서 사용되고 있는 것처럼 한 개인이 직접 겪은 사실들의 총체라고 할 수 있다. 우리가 살아오면서 겪은 모든 일들이 곧 경험인 것이다. 거기에는 각각의 사물들에 대해서 경험한 것들과 인생살이의 모든 경험들이 다 포함되어 있다. 하지만 일상적인 의미에서의 경험은 그저 수동적인 의미에서의 경험이라고 할 수 있다.

이러한 일상적인 의미의 경험을 넘어서는 철학적 의미에서의 경험도 있다. 여기서의 경험은 외부로부터 주어지는 새로운 정보들이 아니라, 자신이 경험했던 것들에 대해서 다시 한 번 반성해 보는 경험이 포함된다. 즉, 자신이 그저 수동적으로 받아들인 경험을 넘어서서, 그러한 경험들을 되새기고 반성하여 검토를 해 보는 것 또한 경험이라고 할 수 있다. 그리고 이러한 경험에는 교육에 의한 간접경험 또한 포함되어 있다.

물론 로크가 '경험' 이라는 표현을 쓸 때는 이 모두를 포함하고 있는 경험을 의미한다. 어떤 측면에서는 매우 폭넓은 개념이라고도 할 수 있을 것이다.

2 감각기관

우리 살아가면서 감각기관들을 통해 받아들이는 일련의 경험들을 언제나 본능적으로 하나로 통합시키는 탓에, 각각의 감각적 경험들이 서로 떨어져 있다는 느낌을 거의 못 받는다. 하지만 자신이 어떤 사물을 경험하고 있음에 대해서 조금만 반성해 본다면, 우리는 그 사물을 통째로 우리의 마음 안에 받아들이는 것이 아니라, 각각의 감각기관에 의해 서로 분리된 채로 받아들이고 있다는 사실을 알 수 있게 된다. 따라서 이러한 낱낱의 감각 자료들을 하나로 통합하는 것은 인간에게 있는 정신적 기능이라고 할 수 있을 것이다.

물론 이러한 정신적 기능은 동물에게도 있을 것이다. 다만 동물과 인간이 다른 점은, 동물은 그러한 통합 기능에서 더 이상 못 나가는 반면, 인간은 자신이 통합한 그 대상에 대해서 반성을 함으로써 그 대상에 대해서 이성적이며 합리적으로 파악할 수 있다는 점이다. 즉 로크에 의하면, 우리 인간은 감각기관을 통해서 경험하고 그것을 하나의 사물로 파악하는 것은 동물과 다를 바 없지만, 이렇게 받아들인 관념들을 정합적이고 이성적으로 파악할 수 있다는 점에서 큰 차이가 있는 것이다. 하지만 이러한 반성이 아무리 인간의 정신이 보여 주는 강력한 힘이라 할지라도, 이는 감각기관에 의해 경험적으로 주어지는 관념들 이외에는 어떠한 것도 다룰 수가 없다는 제한이 있다는 것이 로크의 주장이다.

02_강 사회는 계약으로 이루어졌다

왜 자연 상태에 살던 사람들이 사회계약을 맺을 수밖에 없었을까요? 자연의 법칙은 모든 사람들에게 평등한 권리와 자유를 존중하도록 요구합니다. 그리고 사람의 이성은 자연법칙을 지킬 것을 요구합니다. 하지만 모든 사람이 다 이성적인 것은 아닙니다. 그래서 몇몇의 사람들은 더 많은 욕심을 부립니다.

욕심을 부린 몇몇 사람은 결국 다른 사람의 권리를 침범합니다. 결국 자연 상태는 약탈과 침략으로 변하고 맙니다. 욕심이 없고 착한 몇몇 사람은 욕심 많은 사람으로부터 자신들을 보호하기 위해서 서로 계약을 맺고 단결합니다.

서로 보호하겠다는 계약에 약속한 사람만이 보호를 받을 수 있습니다. 이것이 곧 사회로 발전하게 됩니다. 그렇기 때문에 사회는 그 사회를 지키기 위한 법을 만들고 서로 보호하겠다는 계약을 맺는 것이죠. 바로 이것이 서로를 보호하고 지켜주기 위해 맺는 로크의 '사회계약론' 입니다.

– 《로크가 들려주는 타불라라사 이야기》 중에서

생각 쓰기

 다음 ㉮, ㉯의 제시문을 읽고, 로크의 삼권분립설을 정리한 후, 이와 같은 삼권분립이 현대 민주주의에서 왜 중요한지 그 이유를 서술하시오.

㉮ 로크가 가장 분명하게 표명한 핵심적 사상은 자유주의인데 이 사상은 18세기 프랑스 계몽주의 시대에 많은 영향을 끼쳤다. 로크가 주장한 자유주의 사상의 가장 주요한 내용을 보면 권력분립의 원칙이다. 국가의 권력을 여러 기관이 고르게 나누어 가져야 한다는 뜻이다. 이것은 입법을 하는 의회, 사법을 맡은 법원, 행정을 담당하는 정부로 나눈다는 의견이다. 이 사상은 절대왕정 시대를 무너뜨리고 프랑스혁명을 주도하기도 했다.

㉯ 우리들이 철저하게 조사하고 성숙하게 생각한 끝에 채택한 이 헌법은 여러 원칙들과 권력의 분리에 따른 완전한 자유의 총체 개념입니다. 이 헌법은 힘과 안전을 일치시켰고 그 안에 개선의 가능성도 지니고 있으며, 그래서 여러분들의 신뢰와 지지를 요청할 만합니다. 이 헌법의 지배를 인정하고, 이 헌법의 법칙들에 복종하며, 이 헌법의 법규들에 따르는 것은 참된 자유의 기본적인 원칙 안에 내포되어 있는 의무입니다.

우리 정치 체제의 바탕은 국가의 헌법을 제정하고 개정하는 국민의 권리입니다. 그러나 일정한 기간 동안 존속하고 있는 헌법은, 이것이 전 국민의 분명하고 합법적인 결단에 의해 개정되지 않는 한, 모두에게 거룩한 의무를 지워 주는 것입니다. 하나의 정부를 만들어 내는 국민들의 능력과 권리의 참된 의미는 각 국민들이 성립되어 있는 정부에 복종할 의무를 전제로 하고 있습니다.

– 워싱턴, 《고별사》 참고

1 입법, 사법, 행정

로크는 삼권분립을 주장하면서, 이를 입법과 사법 그리고 행정이라는 세 개의 권력으로 나누었다. 입법이란 법을 세우는 권력을 의미하고, 사법은 법에 따라 판단을 하는 권력을 의미한다. 그리고 행정이란 법에 따라 나라를 통치하는 권력이다. 만약에 이 세 가지 권력이 한 사람에게 다 있다면 어떤 현상이 벌어질까? 세금을 마음대로 걷을 수 있는 법을 만들어(입법) 백성들로부터 과다한 세금을 걷고(행정) 세금을 안내는 사람에게는 무거운 벌을 주는 일(사법)을 자기 마음대로 할 수 있지 않을까?

따라서 로크는 법을 만드는 일과 행사하는 일, 그리고 이러한 행사에 대해서 판단하는 권력을 나누어 놓는다면, 앞에서 말한 것과 같이 자기 멋대로 나라를 통치하는 일이 없을 것이라고 생각했다. 이러한 로크의 생각은 현재의 민주주의에서 제도화되어 있다. 우리나라에서는 국회가 입법을, 대통령을 대표로 하는 정부가 행정을, 그리고 법원에서 사법을 관할하고 있다. 이들 서로 간에는 견제와 균형의 원리가 반드시 함께하게 된다.

2 절대왕정과 입헌군주제

　유럽의 중세 시대 정치제도는 봉건제도로서 왕과 신하 그리고 기사들 간에 영토를 매개로 한 계약을 통해 일정한 땅을 한 개인이 통치하는 제도였다. 근대로 들어오면서 이와 같은 봉건제도는 무너지고, 한 명의 왕이 넓은 국가를 다스리는 절대왕정 시대가 시작된다. 프랑스의 경우에는 유럽 대륙 중앙에 위치해 있으며, 수많은 나라와 국경을 이루고 있는 탓에 강력한 군대가 필요했으며, 이러한 군대를 소유한 국왕의 힘이 매우 막강했다. 물론 이러한 막강한 힘은 루이 16세에 이르러 끝이 나게 되고, 프랑스혁명으로 인해 절대왕정은 몰락하게 된다.

　반대로 영국은 섬나라였기 때문에 막강한 군사력을 필요로 하지 않았다. 결과적으로 영국의 왕은 프랑스의 왕에 비해 권력이 약했다. 이러한 지리적 특성으로 인해, 영국의 왕은 귀족들의 눈치를 끊임없이 봐야 했고, 결국 마그나카르타를 비롯하여 권리장전, 권리청원 등의 개혁을 통해 일찍부터 왕이 법의 지배를 받는 입헌군주제의 기틀을 마련하게 되었다.

　입헌군주제란 헌법과 왕이 공존하는 정치체제를 말한다. 왕은 군림하되 통치는 법에 따라서 한다는 것을 의미한다. 영국은 아직까지노 왕을 보시고 있으면서도 수상이 일정 기간 동안 나라를 운영하는 입헌군주제 국가이다.

03강 하나의 국가, 여럿의 종교

case 1 로크는 종교적 문제에 있어서 서로에게 관용을 베풀 것을 주장했다. 다음의 제시문을 읽고, 로크가 이러한 주장을 하게 된 배경은 무엇인지 서술하시오.

내가 자유롭기 위해서는 다른 사람의 자유를 인정해야 합니다. 내가 절대적 자유, 바르고 참된 자유, 평등하고 공정한 자유를 누리기를 원한다면 다른 사람의 그러한 자유도 우리는 인정해야 합니다. 만약 나의 자유만 인정하고 다른 사람의 자유를 인정하지 않는다면, 나의 자유 또한 있을 수 없습니다.

로크는 이렇게 자신의 자유와 남의 자유를 위해서 종교에 대한 너그러운 마음이 필요하다고 말했답니다. 다른 종교에 대한 너그러운 마음이 있을 때, 영국 사람 모두의 자유가 보장된다고 로크는 생각했답니다. 그리고 나라는 바로 이러한 너그러운 마음이 생기도록 종교의 자유를 인정해야 되겠죠. 그래야 백성들의 이익과 보호가 이루어진답니다.

– 《로크가 들려주는 타불라라사 이야기》 중에서

로크가 살았던 영국이라는 국가는 섬나라였습니다. 섬나라는 대륙이나 반도와

"

는 달리 사방이 바다이기 때문에 국가 내에서의 의견 충돌이 생긴다면 크고 작은 분쟁을 피할 수도 없습니다. 도망갈 곳이 없기 때문입니다.

대신 외세에 침략에는 비교적 자유로울 수 있다는 장점이 있기도 합니다.

프로테스탄티즘

서양 중세 천 년을 지배해 오던 가톨릭의 절대적 권력은 루터의 종교 혁명과 함께 사라졌다. 루터의 종교개혁은 신학자 칼뱅에게 영향을 주는데, 칼뱅은 철저한 금욕주의를 주장했으며 또한 청렴결백을 강조하였다. 이러한 칼뱅주의는 영국으로 건너가 프로테스탄티즘을 형성하게 되었다.

프로테스탄티즘은 다른 말로 청교도라고도 한다. 청교도 신자들은 가톨릭을 수호했던 피의 여왕 메리와, 국교회를 수호했던 헨리 8세 및 엘리자베스 2세에 의해 수난을 당했다. 결국 청교도주의자들은 종교적 자유와 정치적 안정을 위해 메이플라워호를 타고 미 대륙으로 이주해 새로운 식민지를 건설하게 되었다.

아비투어 철학 논술

예시 답안

case 1 한강이와 한솔이는 쌍둥이임에도 불구하고 서로 생각하는 것에 있어서 큰 차이를 보인다. 한솔이는 한강이가 흙바닥에 낙서하는 것을 그저 더럽고 어린애들이나 하는 유치한 장난이라고 생각한다. 그러나 한강이는 이러한 행동은 창조적 행위라 생각하고 있다. 이러한 차이가 나는 이유는 두 사람이 그동안 경험해 온 것이 서로 달랐기 때문이다.

로크에 따르면 인간의 정신은 태어날 때 아무것도 쓰이지 않은 백지상태이다. 그리고 인간은 태초의 이러한 백지상태에 경험을 채워 넣음으로써 자신의 생각과 말과 행동을 형성해 나간다고 할 수 있다. 따라서 서로 같은 날 같은 시간에 태어난 쌍둥이임에도 불구하고 그들이 자라온 환경이 다르고, 그들이 경험한 것이 다르다면 그 둘의 성격이나 행동은 판이하게 다를 수 있을 것이다.

case 2 로크는 인간의 정신에는 경험에 의해서만 그 지각 대상들이 주어진다고 보았다. 따라서 우리는 맨 처음에는 각각의 단순 관념들을 받아들이는데, 이는 우리의 각각의 감각기관에 상응하는 것들이다. 즉 시각, 청각, 미각, 촉각, 후각과 같은 인간의 각 감각기관은 개별적으로 우리에게 단순한 인상을 전해 주며 이것이 곧 단순 관념이 된다. 인간의 정신은 이러한 단순 관념들을 수동적으로 받아들여, 이를 종합하는 능동의 과정을 거침으로써 하나의 사물을 인식하게 된다.

예를 들어 하나의 사과가 있다면, 우리는 이 사과를 각각의 개별 감각들을 통해 우선적으로 받아들인다. 그 내용들에는 사과의 색깔과 모양과 같은 시각적인 것, 사과의 새콤달콤한 맛과 같은 미각적인 것, 풋풋한 냄새와 같은 후각적인 것, 단단하고 아사삭한다는 촉각적인 것, 두드리면 소리가 난다는 등의 청각적인 것이 있으며 이 모두가 감각을 통해 정신에게 수동적으로 전해지는 단순 관념들이다. 하지만 이것들 각각이 하나의 사과인 것은 아니다. 인간의 정신이 사과를 알기 위해서는, 이 낱낱의 단순 관념들을 '사과' 라고 하는 하나의 종합물로 통일시키고 일치시켜야만 가능한 것이다. 이와 같은 정신의 능동적 작용을 통해 하나의 복합물이 형성되는데, 이것이 바로 복합관념이다.

주 제 탐 구 **02** **(강)** **사회는 계약으로 이루어졌다**

case 1 로크는 사회계약 이전의 자연 상태에서는 사람들이 자신들의 이성을 통해 자연법칙에 따라 살아가는 상태일 것이라고 가정했다. 그리고 이러한 자연법칙이란 서로를 존중해 주면서 살아가라는 것을 의미한다.

하지만 사람들 중에는 비이성적인 사람들이 있으며, 이러한 사람들은 이성을 제대로 사용하지 못하기 때문에 모두가 지키는 자연법칙을 무시하고 다른 사람들의 권한과 권리를 침해하면서까지 자신의 욕심을 채우려고 한다.

따라서 이러한 사람들로부터 자신을 보호하기 위해서 사람들은 계약을 맺고 사회를 형성하였다. 이처럼 로크는, 사회는 사람들이 스스로로의 자연권을 지키기 위해 합리적인 계약에 따라 구성한 하나의 집단으로 파악했다. 물론 이러한 사회에서 살아가면서 계약을 지키지 않는다는 것은 곧 계약을 스스로 파기함을 의미하며, 따라서 사회의 한 구성원으로서 받아들일 수 없음을 의미한다.

case 2 로크가 살던 시기는 절대왕정 시기로, 이 시기에 왕은 절대적인 권력을 누렸으며 법 위에 군림하고 있었다. 로크는 이러한 절대왕정은 결코 바람직하지 못하며, 한 사람에게 모든 권한이 집중될 경우 법에 의한 통치가 불가능하여 무법천지가 되는 것을 경험으로 알고 있었다.

따라서 로크는 한 명에게 집중되어 있는 권한을 세 가지로 쪼개어 놓으면, 그와 같은 절대 권력이 사라지고 평화로운 공존 상태가 될 것이라 여겼다. 그 세 가지란 입법, 사법, 행정으로서 이 세 개의 권력이 서로가 서로를 견제하는 가운데 법에 의한 통치가 가능하리라는 것이 그의 생각이었다.

이와 같은 삼권분립 이념은 두 번째 제시문에서도 볼 수 있듯이, 국민들이 법치주의로 다스려지는 나라에서 사는 것을 가능케 주며, 만약에 이러한 법이 불합리한 점이 생겨난다면 이를 합법적으로 수정할 수 있는 근거를 마련해 주고 있다. 결국 국민이 법을 만들거나 수정할 수 있는 제도인 삼권분립 제도는 다수가 통치한다는 민주주의의 이념과 일치하는 것이라 할 수 있을 것이다.

case 1 로크가 살았던 영국은 섬나라였기 때문에, 외부의 적이 침입하는 것을 막기 쉬웠던 반면, 만일 내부에서 서로 싸우게 되면 더 이상 갈 곳이 없으므로 언제나 불안하게 살아야만 하는 지리적 환경에 처해 있었다. 따라서 영국 사람들이 언제나 염두에 두었던 것은 서로 간에 충돌 없이 어떻게 평화롭게 잘 지낼 수 있느냐는 것이었다.

로크의 경우, 국가는 현실 세계를 통치하는 기구이고, 종교란 죽은 이후의 내세를 위한 것이기 때문에 서로 일치하는 점이 없다고 보았다. 따라서 국가는 어떤 종교에 대해서 차별하는 자세를 그치고 모든 종교를, 적어도 그 종교가 다른 사람에게 피해만 주지 않는다면 인정해야만 한다고 주장했다. 종교 또한 국가로부터 자유를 받는 만큼 국가의 일에 간섭해서는 안 된다는 것은 당연한 일일 것이다. 로크는 참된 자유란 다른 사람의 자유를 인정할 줄 아는 자유라고 여겼으며, 이는 종교에 대해서도 예외가 아니라고 생각했던 것이다.

철학자가 들려주는 철학이야기 026

한비자가 들려주는 상과 벌 이야기

저자_유성선
현재 강원대학교 철학과 교수로 재직 중이다.

한비자의 '법가 사상'

1. 제자백가의 등장
2. 법가 사상의 연원
3. 한비자의 사상

한비자의 '법가 사상'

1 제자백가의 등장

제자백가는 중국 춘추전국시대에 활약한 학자와 학파의 통칭이며 제자는 모든 선생, 백가는 수많은 파벌을 뜻한다.

당시 권력을 쥐고 있던 주나라 왕실의 힘이 약해지면서 새롭게 떠오르는 세력들 가운데 전문적인 지식인 세력이 나타났고 이들은 권력자들을 찾아다니며 자신의 학설과 사상을 설명했다.

그 가운데 대표적인 학파로서 10가(家) 9류(流)를 들고 있는데 10가는 유가, 도가, 묵가, 명가, 법가, 음양가, 종횡가, 잡가, 농가, 소설가 등이고, 예문지 제자략의 저자 반고는 그 가운데 볼 만한 것은 9류라 하여 소설가를 뺐다. 9류 가운데에서도 종횡가, 잡가, 농가는 엄밀한 의미에서 철학이라고 보기 어렵다.

2 법가 사상의 연원

법가(法家)는 제자백가 가운데 가장 현실적이고 실천적인 이론을 냈던 학파이다. 때문에 법가 사상을 바탕으로 한 진나라가 통일을 이룰 수 있었다. 하지만 법가라는 호칭이 적절하지 않다는 지적이 많다. 물론 진나라가 법을 강조한 것은 사실이나 법은 목적을 달성하기 위한 수단이었을 뿐이다. 그럼에도 법가 사상이 군주를 중심으로 통일을 이루려 했다는 점에 주목하여 전체주의나 권위주의라고 부르는 경우도 있다. 오늘날의 학문 개념에 비추어도 법가는 법학 이론이라기보다는 조직론이나 방법론에 가깝다. 단순히 법만을 다룬 것이 아니라 인간에 대한 이해를 바탕으로 인간의 심리를 이용하여 조직하고 활용하려 했던 것이다.

이러한 법가는 춘추시대에 관중(管仲)으로부터 시작하여 전국시대에 위문후의 재상을 지냈던 이회(李悝)와 진효공의 재상을 지냈던 상앙(商鞅)과 한소후의 재상을 지냈던 신불해(申不害), 그리고 조나라 사람인 신도 등에 의하여 발전하여, 전국시대 말엽에 한비자(韓非子)가 집대성하였다.

3 한비자의 사상

신도의 '세'와 신불해의 '술', 그리고 상앙의 '법'을 종합하여 법가 사상을 완성한 사람이 한비자(韓非子, BC 280?~ BC 233)이다. 한비자의 사상은 크게 세 가지로 나누어 볼 수 있다. 첫째로, 인간의 이기적인 심리를 이용하여 부국강병을 이룰 수 있다는 것이다. 한비자의 인간 이해는 순자의 성악설에 바탕을 두고 있다. 사실 순자 사상의 핵심은 인간의 의지적인 노력을 통해 악한 본성을 극복하는 데 있었다. 그러나 법가는 인간의 본질인 이기심을 통치 방법으로 이용하였다. 이것은 인간관계를 이기적 관계로 해석하는 데서 시작한다.

둘째로, 군주는 덕이 아니라 '법'과 '세'와 '술'로 통치해야 한다는 것이다. 한비자는 '세'를 호랑이와 표범의 날카로운 이빨과 발톱에 비유하였다. '세'가 없는 임금은 이빨과 발톱이 빠진 호랑이와 같다고 하였고, 이것은 왕의 도덕성이나 능력에서 나오는 것이 아니라 지위에서 나오는 것이라고 보았다. 또한 '법'은 자세하게 문서로 만들어 관청에 비치해 두고 백성에게 알리는 것이지만, '술'은 군주의 가슴에 묻어 두고 신하의 언행 등 많은 단서를 수집·검토하여 은연중에 신하들을 지배하는 것이다. 따라서 법은 명확할수록 좋고, 술은 알려져서는 안 된다. 또한 '법'은 중앙집권을 강화하기 위한 방법으로 법에 복종하는 자에게는 반드시 상을 주고 법을 어기는 자에게는 반드시 엄한 벌을 내리는 것이지만, '술'은 군주가 관리를 통솔하는 은밀한 방법이다. 법가 사상을 권모술수로 보는 까닭은 바로 이러한 '술' 때문이다.

셋째는 옛 성인을 기준으로 삼을 것이 아니라 현실의 효용성이 기준이 되어야 한다는 것이다. 〈난일〉편에는 "무릇 아무것도 꿰뚫을 수 없는 방패와 어떤 것이든 뚫지 못하는 것이 없는 창은 같은 시대에 존립될 수 없다. 지금 요와 순을 둘 다 함께 칭찬할 수 없는 것이 바로 이 창과 방패 같은 것이다"라는 유명한 모순(矛盾)이야기가 나온다. 이것은 주나라 봉건제의 회복과 계급 조화론을 주장한 유가 사상에 대한 강한 비판이다. 유가에서는 지배 세층은 예로 다스리고 백성들은 법으로 다스리는 통치를 말하였지만, 법가는 관리들도 법의 적용을 받아야 한다고 주장한다.

01강 한비자는 어떤 사람인가?

한비자는 법가 학설의 집대성자이다. 그는 한나라 귀족 집안 출신으로 이사와 함께 순자에게 공부를 배웠다. 그는 당시 그의 조국이 위태로운 것을 보고 왕에게 여러 차례 변법을 건의하였으나 받아주지 않자, 하는 수 없이 물러나 글을 써서 그의 주장을 밝혔다. 이런 그의 주장은 매우 강경하여 정치적 위험을 무릅쓰지 않을 수 없었다.

당계공이라는 선배가 한비자에게 개혁을 추진하다가 화를 입고 비극적으로 죽었던 오기(吳起)와 상앙(商鞅)의 전철을 밟지 말라고 충고하였다. 이에 대하여 한비자는 백성들을 위하여 법과 제도를 개혁할 생각을 포기하고 개인의 안위를 위하여 명철보신하는 것은 비겁한 짓이라 하고, 그 충고를 듣지 않았다.

한비자는 책을 쓰는 데 뛰어나서 〈고분〉 〈오두〉 〈내외지〉 〈설림〉 〈세난〉 등 10여 편을 저술하였다. 그 가운데 〈고분〉과 〈오두〉 두 편을 읽어 본 진시황이 "이 사람과 함께 일할 수 있다면 죽어도 한이 없겠다"고 말할 정도였다. 진시황은 기원전 233년에 병력을 동원하여 한나라를 공격하였다. 한왕(韓王)은 하는 수 없이 사신이라는 명분으로 진나라에 한비자를 보내 주었다. 그러나 진시황이 한비자를 등용하려 하자, 그와 동문수학하였던 이사가 그를 모함하여 한비자는 감옥에 갇히게 된다. 또한 이사의 거짓말에 속아 이사가 준 약을 먹고 목숨을 잃게 된다. 진시황은 비록 한비자와 만나지는 못했지만 그의 학설을 채용하여 첫 통일국가를 이룩하게 된다.

한비자 법가 사상의 주된 목적은 유가와 묵가를 반대하는 데 있었다. 그의 인식론은 법사상만을 찬성하고 그 밖의 사상은 배제하고 있다. 실제로 혼란한 상황에 처해 있는 사회에서는 반드시 여러 가지 사상이 함께 존재해야 한다. 만일 한 가지 사상만 있다면 어떻게 이처럼 사람들의 사고가 다양할 수 있겠는가? 그 당시 한비자는 법가 사상이 창도하여 유가나 묵가가 패배하기를 바랐다. 그는 '유가는 문(文)으로써 법을 어지럽히고, 묵가는 무(武)로써 금지령을 위반한다' 고 하여 유가와 묵가를 비판하였다. 문무는 이들 두 사상을 대표하는 것으로, 그는 이것들이 사회를 문란하게 만드는 주된 원인이라고 생각하였다.

법가 사상에서는 평민은 다만 법을 존중하기만 하면 되며, 법을 쥐고 있는 사람을 두려워함으로써 범법 행위를 할 수 없으면 된다고 생각했다. 이러한 사상은 바로 겉으로 나타난 집권의 특징이며, 군주를 존중하고 법을 귀중하게 여기도록 하는 것은 집권 제도를 갖추려 할 때 우선적으로 요구되는 사상의 단순화이다.

한비자는 만약 국민들이 개인의 권익만 주장하여 국가가 망해 버린다면 개인은 어떻게 살 수 있는가 하고 생각했다. 그러므로 우선 개인을 희생하고 국가가 강성해지길 기다리는 데에 개인의 생존 의의가 있다고 보았다. 한비자의 방법론은 엄한 형벌과 가혹한 법에 의해서 인성 속에 있는 나쁜 성질을 억제시키는 것이었다. 그는 두 가지 형태를 강조하였는데 하나는 농사였고, 다른 하나는 전쟁이었다. 농사와 전쟁을 할 수 있는 가치를 가진 사람을 제외하고 그 밖의 사람은 어떤 가치도 없다고 보았다. 그는 〈오두〉편에서 가치가 없는 삶에 대해서 아주 분명하게 비판하고 있다. 국민들은 다만 군주에게 절대복종을 해야 하며 이러한 국가는 능히 부강해질 수 있으며 반드시 천하를 통일할 수 있다고 보았다.

이처럼 한비자의 사상 형태는 확실히 모든 사회적 발전과 사회 계층의 형성에 엄청난 영향력을 행사하였다. 왜냐하면 진나라는 한비자의 친구인 이사를 재상으로 삼아 법가 사상을 실행하고 국가를 부강하게 함으로써 차례로 여섯 나라를 굴복시켜 천하를 하나로 통합하여 통일국가를 만들었기 때문이다.

순자

　순자(荀子: ?B.C.298~?B.C.238)의 이름은 황(況)이고 자는 경(卿)이다. 순자는 공자의 제자였던 자하의 학맥을 이었다고 하며 유가 사상을 현실화시킨 인물로 평가된다. 순자의 핵심 사상은 성악설로, 맹자와 달리 선의 기준을 외부의 객관적인 사회 상황에서 찾았고 인간의 자연적이고 생리적인 욕구를 본성으로 주목하여 철저하게 인간 중심적인 사상을 전개하였다.

　또한 하늘을 더 이상 인간을 낳아 준 존재이거나 도덕 행위의 원천이 아니라고 보았다. 그리하여 하늘로부터 분리된 사람이 하늘·땅과 대등하게 만물의 변화에 참여하는 존재라는 '능참' 개념을 제시하였다. 이와 같은 사상은 운명론의 부정이었으며 인문 정신의 극치였다.

　순자는 질서 잡힌 사회를 위해 인간의 의지적인 행위를 제도화하자는 '예론'을 주장하였다. 그는 구체적인 예의 제도는 성인이 만든 것으로 변화하는 현실에 맞는가가 중요한 기준이라고 보았다. 기존의 예의 제도가 맞지 않을 때 그것을 바꿀 수 있는 사람은 타고난 악한 본성을 극복한 후대의 임금이라고 보았다. 바로 이것을 '후왕사상' 이라고 한다.

02_강 법가 사상의 기본 원리

case 1 다음의 글은 동안우의 이야기이며 법의 엄격성을 잘 보여 주는 글이다. 다음의 제시문을 읽고 자신의 생각을 서술하시오.

동안우(董安于)는 군수가 되어 산골짜기를 살펴보게 되었다. 산골 물은 깊고 장벽같이 치솟아 깊이가 백 길이나 되었다. 그래서 주변 마을 사람들에게 '사람이 일찍이 이곳에 빠진 적이 있는가?' 라고 물어보니 아무도 없다고 하였다. 또 '어린 아이나 바보, 미친 사람 가운데 일찍이 이곳에 빠진 사람이 있는가?' 라고 물어보니 아무도 없다고 하였다.

또다시 '소나 말, 개나 돼지 가운데 이곳에 빠진 것이 있는가?' 라고 물어보니 없다고 하였다. 동안우는 깊은 한숨을 쉬며 말했다.

"나는 능히 백성들을 잘 다스릴 수 있다. 내가 법을 용서하는 일 없이 행사하여 마치 산골 물에 빠지면 죽게 된다는 것과 같이 엄하게 한다면 사람들이 그것을 감히 범하지 못할 것이다. 어찌 잘 다스리지 못하겠는가?"

– 《한비자가 들려주는 상과 벌 이야기》 중에서

03강 두 개의 칼자루 '상'과 '벌'

case 1 학생 체벌에 대한 시비와 논란이 끊이지 않고 있다. 교사의 체벌 수준이 지나쳐 학생이 신체적, 정신적 상처를 입는 경우도 있다. 그러나 일선 교사들은 체벌에는 교육적인 목적도 있고 무조건 금지할 경우 학생 생활지도가 어려워진다고 주장하기도 한다. 과연 교사의 체벌은 필요한지, 또 정당한 교육의 행위인지에 관해 설명하시오.

case **2** 다음의 제시문은 '관용의 의미'를 위해 생각해야 할 것들이다. 제시문을
읽고 진정한 관용의 의미에 대해 논하시오.

㉮ 전 세계 가톨릭교회의 최고 지도자 교황 요한 바오로 2세를 암살하려는 사건
이 있었다. 교황은 총격을 받고 쓰러졌지만, 사건이 난 지 며칠 후 범인을 용서한
다는 뜻을 밝혀 전 세계 사람들에게 감동을 주었다. 그리고 교도소를 찾아가 종신
형을 받은 범인을 위로하였다. 교황의 용서하는 마음은 오랜 세월 동안 세계인들
의 가슴을 진한 감동으로 물들였다.

– 중학교 《도덕1》, '사랑과 관용' 참고

㉯ 고대 그리스의 아티카에 프로크루스테스라는 도둑이 살고 있었다. 이 도둑은
나그네를 붙잡으면 자신의 소굴로 끌고 가서 침대에 눕히고 나그네의 키가 침대
길이보다 작으면 잡아당겨 늘이고, 침대의 길이보다 크면 밖으로 나온 머리와 다
리를 자르는 방법으로 죽였다. 그러던 어느 날 프로크루스테스는 한 나그네를 자
신의 소굴로 끌고 와 침대에 눕혔는데 그 키가 침대 길이와 똑같았다. 그 나그네는
테세우스라는 사람이었다. 그는 프로크루스테스를 똑같은 방법으로 죽였다. 이후
로 사람들은, 어떤 절대적 기준을 정해 놓고 모든 것을 거기에 맞추려고 하는 것을
'프로크루스테스의 침대'라고 부르고 있다.

– 중학교 《도덕1》, '사랑과 관용' 참고

생각 쓰기

 A씨는 분명 커다란 과오를 저질렀다. 사회에서는 바른 양심으로 A씨를 보호하고 있지만 한비자의 법가 사상에 준한다면 반드시 벌을 받아야 한다. 한비자의 스승인 순자는 "인간의 본성은 태어나면서부터 이로움을 좋아한다. 그 본성대로 따라가기 때문에 다툼이 생기고 사양하는 일이 없어진다"고 하며 성악설을 주장하였다. 반면 맹자는 인간의 본성은 태어날 때부터 선하다는 성선설을 주장하였다.

과연 인간은 태어날 때부터 선한지 아니면 악한지, 각자 맹자와 순자의 입장처럼 자신의 견해를 논술하시오.

돌아온 양심…기내서 가져간 물건 '반환'

○○항공 LA 지점으로 기내 담요 한 장이 담긴 소포가 배달된 때는 지난주 중반입니다. 함께 배달된 편지에는 '식구 가운데 한 명이 한국을 다녀오면서 여객기에 비치된 물건을 가져온 사실을 뒤늦게 알고 되돌려 보낸다'고 적혀 있습니다. 또 정말 죄송하다는 말과 함께 깨끗한 양심으로 살아가는 한인들이 많아졌으면 좋겠다고 밝혔습니다.

○○항공 LA공항 지점장: 고객들에게 주는 물건은 아니지만 실수로 가져산 물건을 우편 요금까지 부담하며 반환하는 것도 쉬운 일은 아니다. 하지만 이렇게 분실됐던 기내 물품이 나중에라도 반환되는 경우는 매우 드뭅니다.

○○항공의 경우 기내에 비치된 담요 가운데 분실되는 경우가 한 해 20만 장에 이르고 있습니다. 담요 한 장의 구매원가는 12달러로 줄잡아 해마다 담요값으로 240만 달러, 24억 정도의 손실이 발생하는 셈입니다.

○○항공 미주지역본부: 담요와 이어폰이 가장 많이 없어지고 가끔씩 스푼과 나이프를 가져가는 경우도 있습니다.

항공사측은 담요를 돌려보내 준 고객에게 답례로, 조그만 선물과 함께 감사의 편지를 보냈습니다.

– 중학교 《도덕1》, '양심과 도덕' 참고

생각 쓰기

주요 개념 및 배경 지식

1 맹자의 성선설

맹자는 본래 사람은 착하게 태어나고, 그 착한 본성을 가다듬는 것이 인간의 마땅한 의무라는 성선설을 제기하였다. 성선설은 맹자가 주장한 도덕설의 중심을 이룬다. 맹자는 인간은 본래 선하기 때문에 측은(惻隱), 수오(羞惡), 사양(辭讓), 시비(是非) 등의 마음을 지니고 있다고 주장하였다. 이것은 각각 인의예지(仁義禮智)의 4단(四端)이며, 사람은 누구나 이 4단을 가지고 있다고 한다. 즉, 불쌍히 여기는 마음은 인(仁)이요, 부끄러워하고 미워하는 마음은 의(義)요, 공경하는 마음은 예(禮)요, 시비하는 마음은 지(智)라고 한다. 4단은 밖으로부터 나에게 밀고 들어온 것이 아니라 내가 본래 가지고 있는 것이지만, 생각하지 않기 때문에 겉으로 나타나지 않는 것이라고 맹자는 주장했다.

2 순자의 성악설

순자의 핵심 사상은 성악설로, 맹자와 달리 선의 기준을 외부의 객관적인 사회 상황에서 찾았고 인간의 자연적이고 생리적인 욕구를 본성으로 주목하여 철저하게 인간 중심적인 사상을 전개하였다.

　사람의 타고난 본성은 악이라는 윤리로 성악설은 사람이 태어나면서 가지고 있는 감성적 욕망에 주목하고 그것을 방임해 두면 사회적 혼란이 일어나기 때문에 악이라는 것이며, 따라서 수양은 사람에게 잠재해 있는 것을 기르는 것이 아니라 외부의 가르침이나 예의에 의해 후천적으로 쌓아 올려야 한다고 주장한 것이다.

아비투어 철학 논술

예시 답안

case 1 한비자는 법가 학설의 집대성자로 이사와 함께 순자의 제자였다. 조국의 위태로움을 보고 변법을 건의하나 받아들여지지 않았다. 그러나 어떠한 정치적 위협에도 굴하지 않고 뛰어난 문장으로 자신의 주장을 밝혔다. 진시황의 한나라 공격으로 진나라에 사신으로 가지만 이사의 모함으로 죽음을 맞이하게 된다.

진시황은 한비자 만나기를 소원하였지만 못 만나고 그의 학설로 첫 통일국가를 이룩한다. 한비자 법가 사상의 주된 목적은 법사상만 찬성하고 그 밖의 사상은 배제하는 데에 있으며, 특히 유가와 묵가를 비판하였다. 한비자의 법가 사상은 군주를 존중하고 법을 귀중하게 여기도록 하는 집권 제도에 요구되는 사상이다. 한비자의 방법론은 엄한 형벌과 가혹한 법에 의해서 인성 속에 나쁜 성질을 억제시키는 것이었다.

case 1 법이란 나라를 다스리는 수단이다. 그럼에도 법을 경시하게 되면 공적이 이루어지지 못하고, 명성도 이루지 못할 것이다. 그러므로 현명한 임금은 누구나 다 받을 수 있는 상을 제정하고, 누구나 피할 수 있는 벌을 설정한다. 이와 같이 된다면 윗사람과 아랫사람이 은혜를 베풀고 사랑하는 정을 맺게 될 것이다. 한비자 역시 법을 엄하게 정해서 다스리는 방법이 현실에 알맞다고 주장한다. 그 이유는 사람은 편한 것을 원하고, 또 어떤 경우든지 자기 자신의 이익부터 생각하기 때문이다.

하지만 우리에게 꼭 필요한 것은 법만이 아니다. 법을 지키는 것도 필요하지만, 도덕이나 예절의 바탕 위에 필요하다. 인간을 인간답게 하고 남을 도우며 남에게 예의를 다하는 것은 사회의 올바른 유지를 위해서 없어서는 안 되는 것이기 때문이다. 그러므로 법은 최소한의 강제 규범이고, 도덕은 인간의 삶에 내재한 근본적인 규범이다. 이제는 도덕으로 인간을 평가하고 사회를 이루어 나가는 자세가 필요하다.

주제 탐구 03강 두 개의 칼자루 '상'과 '벌'

case 1 상벌은 교육적인 성과를 위해 필요하다. 적절한 체벌은 미성숙된 자아의식과 의지력을 성숙시켜 주고, 학습 동기와 규범에 대한 준수 의지를 심어 주기 위한 교육 목적도 있다. 무엇보다도 체벌을 함으로써 그 효과가 매우 빠르게 나타나기 때문이다. 또 다른 이유로는 체벌로 인한 두려움 때문에 더 많은 책임감을 부여할 수도 있고, 가치 판단이 미흡한 학생들에게는 좋은 본보기가 될 수도 있기 때문이다.

그러나 과도한 처벌은 학생들에게 신체적으로나 정신적으로 상처를 줄 수 있다. 물리적 도구나 신체의 일부를 이용하는 물리적 체벌로 인해 학생들이 더욱 상처받는 것은 정신적 고통, 즉 이성에 의한 체벌이 아닌 감정에 의한 체벌이기 때문이다.

체벌이 일부 교사의 권위주의적인 생각으로 교권의 상징이 된 적도 있었다. 그러나 체벌이 결코 정당화될 수는 없다. 교사의 권위는 인간적인 애정, 도덕적 인품, 학문적 실력에 의해 확립되어야 한다.

예전에는 '군사부일체(君師父一體)' 라는 말을 내세워 임금과 스승과 부모님을 동일시했다. 지금도 학생들이 교사에 대한 그 마음에는 변함이 없어야 하겠다. 그리고 교사들은 매보다 더 큰 가르침인 용서로, 사랑으로 학생들을 가르쳐야 한다.

case 2 관용은 '다른 사람의 입장을 이해하고, 타인을 나와 똑같은 사람으로 인정하여, 다른 사람의 의견을 존중하는 것' 이라는 사전적 뜻을 담고 있다.

"죄는 미워하되, 사람은 미워하지 말라", "군자는 비록 남과 의견을 달리한다 해도 결코 불쾌한 내색을 하지 않고, 끝까지 상대방을 존중하면서 대화를 하며, 감정에 치우치거나 격하지 않는다 (공자)", "나는 당신의 의견에는 반대하지만, 당신의 의견을 말하는 자유는 기꺼이 존중하고 지켜주겠다" 등 모두 관용의 정신을 잘 보여 주는 글이다.

이처럼 관용은 인간답고, 살기 좋은 사회를 만들기 위한 필수 요소이다. 법과 처벌만으로는 진정한 사회가 유지되기는 힘들다. 사랑을 보여 주는 관용의 정신이 살아 있을 때 살기 좋은 사회가 이루어질 것이다.

case 3 사람들은 누구나 태어나면서 선한 마음을 가지고 있고, 이러한 마음에 따르는 행동이야말로 우리 사회를 보다 밝고 살기 좋게 만들어 주는 역할을 하는 것이다. 그러나 순간적인 이익이나 물질적인 이익에 눈이 어두어져 자신의 이익만을 취하는 사람들이 있다. 우리는 그런 사람들을 사회악이니 오염된 공기와 같다고 한다. 오염된 공기가 늘어나게 되면 우리가 호흡하고 살기 힘들 듯이 자신의 이익만을 추구하는 사람이 많아지면 너무나도 삭막하고 황폐한 사회가 될 것이다.

따라서 우리는 순간적이고 눈에 보이는 이익에 굴하지 않고 참되고 떳떳하게 양심적인 행동을 하며 살아가야 한다. 비록 조금은 어렵고 힘들다 할지라도 참된 행복을 위한 소중한 삶을 위해 노력해야겠다.

철학자가 들려주는 철학이야기 027

제논이 들려주는 논리 이야기

저자_신정하
전남대학교 국어국문학과를 졸업하고, 전남대학교 철학과 박사 과정을 수료했다. 초등학교에서 독서 논술부 특기 적성 강사와 사회교육원 논술 지도자 과정 강사를 했으며, (주)글사임당에서 독서 교재와 시사 논술 교재를 개발했다.

01강 만물의 근원

 다음 글을 잘 읽고, 아우구스티누스와 비슷한 주장을 한 그리스 철학자가 누구인지 쓰고, 세상을 이루고 있는 근원 물질을 탐구한 고대 그리스 자연 철학이 갖는 철학적 의미를 설명하시오.

㉮ 아우구스티누스에게 수(數)는 매우 매혹적인 것이었다. 그는 《티마이오스》에 나타난 플라톤의 견해를 받아들여 수를 신의 천지 창조의 근본 원리로 간주하였다. 모든 것은 수에 의존한다. 대상은 오로지 수의 속성을 통해서만 존재한다. 수는 존재와 아름다움 양자에 근본적인 것이다.

아우구스티누스는 이렇게 말했다.

"가령 특정한 의도나 목적 없이 단지 즐거움을 위해 팔을 움직인다고 가정해 보라. 그것은 춤이 될 것이다. 춤의 무엇이 당신을 즐겁게 하는지를 물어보라. 그러면 수가 이렇게 답할 것이다. '자, 나 여기 있소.' 신체 형태의 아름다움을 살펴보라. 그러면 당신은 모든 것이 수에 따라 자리 잡고 있다는 사실을 알게 될 것이다. 신체 동작의 아름다움을 살펴보라. 그러면 당신은 모든 것이 수에 따라 적절한 시간대에 놓여 있음을 알게 될 것이다."

– 관련 기출 문제: [2006 대입] 고려대 논술 고사 제시문

ㄴ 탈레스: 만물의 근원 물질은 물이다.

엠페도클레스: 이 세상의 근본 물질은 땅, 물, 불, 공기이다.

피타고라스: 세상의 근본은 숫자이다. 세상에 존재하는 모든 것은 일정한 크기를

　　　가지고 변화한다.

헤라클레이토스: 만물의 근원 물질은 불이다.

주 요 개 념 및 배 경 지 식

1 이오니아학파

소아시아 서해안 중부 이오니아 지방은 육지와 바다를 끼고 동방의 선진 제국과 교류하였으므로, 일찍부터 문명이 발달했다. BC 6세기경 이 지방에 철학이 생겨나, 그리스 최고(最古)의 철학자들을 배출하였는데 그들을 통틀어서 이오니아학파라 일컫는다.

그 철학은 자연을 탐구 대상으로 삼았는데, 우선적으로 하나의 근본적인 물질을 구하고, 이에 근거해 자연의 생성과 변화를 논했다. 따라서 이오니아학파의 철학은 본질적으로 일원론(一元論)*이었다. 또, 그 근본 물질이 살아 있고, 스스로 운동·변화하여 만물을 생성한다고 주장하였기 때문에 물활론(物活論)*의 입장을 견지하였다. 또한, 살아 있는 근본 물질에서 우주(宇宙)가 어떻게 형성되었는가를 해명하는 일이 이 학파의 중요한 과제였으므로, 그 철학 형식은 우주의 기원과 구성을 논하는 우주론이었다. 주요 인물들은 밀레스, 아낙시만드로스, 아낙시메네스, 헤라클레이토스 등인데, 앞의 세 사람은 출신지 밀레투스의 이름을 따서 밀레토스학파라고도 한다.

* **일원론**: 하나의 원리로써 전체를 설명하려는 입장의 이론이다.
* **물활론**: 모든 물질은 그 자체로 살아 있거나 세계영혼의 작용 또는 그와 비슷한 원리의 작용에 참여함으로써 살아 있다고 보는 관점이다. 고대 그리스 사상가들은 다양한 물질적 실체를 만물의 시초로 보았다. 탈레스는 물이 근본 물질이라고 생각했고, 만물은 '신(神)들로 가득 차 있다' 고 보았다. 아낙시메네스는 우주 만물에 생명을 불어넣는 보편 원리를 공기로 보았고, 헤라클레이토스는 불이라고 했다. 이 근본 물질들은 모두 어떤 의미에서는 살아 있는 것으로, 심지어는 신적인 것으로 여겨지기도 했으며 존재의 발전에 적극적 역할을 하는 것으로 생각되었다.

2 엘레아학파

이탈리아 남부 엘레아에서 일어난 학파이다. 이 학파의 특징은 날카로운 논리적 사고(思考)에 있다. 그들은 일원론(一元論)의 입장에서, 많은 것의 존재와 운동 · 변화의 존재를 부정하였다. 이 학파에 속하는 사람으로는 엘레아의 파르메니데스와 그의 제자인 엘레아의 제논, 그리고 사모스의 멜리소스 등인데, 다신론(多神論)을 공격한 방랑 시인 크세노파네스를 이 학파의 창시자로 보는 견해도 있다.

3 티마이오스

플라톤이 쓴 책 가운데 자연학에 대한 대화편으로 원래 이 대화편은《크리티아스》,《헤르모크라테스》를 포함하는 3부작의 첫 부분으로 계획되었다. 그러나 실제로 완성한 저작은 《티마이오스 Timaeus》뿐이다. 《티마이오스》의 주제는 물리학·생물학·천체학* 등과 관련된 것이다. 이 책에 따르면 플라톤에게 있어서 우주는 지성에 의해 파악된다. 이것은 우주의 창조 원리가 발견될 수 있음을 의미하고 동시에 우주가 지성적 원리에 의해 창조되었음을 의미한다.

플라톤 철학의 핵심이라고 할 수 있는 이데아론에서 최고의 이데아는 선(善)의 이데아이다. 개인이나 국가나 모두 선의 이데아를 통해 자신의 완전성을 구현하게 된다. 이것은 우주에 있어서도 마찬가지이다. 즉 선의 이데아가 창조의 원리가 된다. 이 원리를 의인화한 것이 《티마이오스》(기원전 350년경)에서 우주의 창조자로 등장하는 데미우르고스이다. 이 말은 넓은 의미에서 '창조하는 자'를 뜻한다. '창조하는 자'는 무엇을 창조하든 '좋음'을 실현하는 자이다. 그런데 만드는 과정은 무엇을 본뜨는 즉, 모방하는 과정을 거쳐야만 한다. 그렇다면 우주도 어떤 존재하는 원형을 본뜬 모습에 불과하다. 이러한 이유로 플라톤은 자신의 우주론을 우주에 대한 참된 설명이 아니라 그것을 본뜬 모습에 어울리는 설명으로 제한하고 있다.

당시 기하학은 가장 잘 발달된 수학 분야로 특히 완성된 모습을 갖춘 정다면체 이론은 기하학에서 최상의 위치를 차지하고 있었다. 플라톤은 정다면체에 매우 특이한 의미를 부여했다. 플라톤에게 세계를 구성하는 요소는 엠페도클레스가 주장한 대로 물, 불, 공기, 흙이었다. 그러나 그는 고대의 원자론과 달리 이 요소들에 실체의 성질을 부여하지 않았다. 이것들은 단지 속성들에 불과하여 기하학적 형태를 갖게 될 때 비로소 실체적 원소로서 기능하게 된다. 아무런 규정도 받지 않은 어떤 것들이 수학적 질서를 부여받아 구체적 사물로 나타나게 되는 것이다. 그는 《티마이오스》를 통해 이 네 가지 원소는 모두 작은 입체들의 집합체라는 이론을 제기했다. 게다가 세계는 완벽한 입체만으로 만들어질 수 있기 때문에 이 원소들도 반드시 정다면체 꼴이어야 한다고 주장했다. 가장 가볍고 날카로운 원소인 불은 정사면체, 가장 안정된 원소인 흙은 정육면체, 가장 활동적이고 유동적인 원소인 물은 가장 쉽게 구를 수 있는 정이십면체여야 한다고 했다. 그리고 정팔면체는 엄지손가락과 집게손가락으로 마주 보는 꼭짓점을 가볍게 잡고 입으로 바람을 불어 쉽게 돌릴 수 있을 것으로 보이므로 공기의 불안정성을 나타낸다고 했다. 마지막으로 정십이면체는 우주 전체의 형태를 나타낸다고 주장했다. 예로부터 12라는 숫자는 우주와 깊은 관련성을 갖고 있다. 천문학에서 말하는 황도 십이궁이나 우리의 십이간지가 그 예이다.

플라톤의 이런 주장 때문에 정다면체는 '플라톤의 입체도형'이라는 별명을 갖게 됐다. 이와 같은 수학적 비례, 비율, 도형, 수, 모자람과 지나침 등의 수학적 개념이 세계를 지성에서 이해할 수 있게 하는 근거가 된다. 플라톤의 이론은 현대적인 시각에서 보면 기묘하고 공상적으로 보이지만, 서구 세계에서는 17세기까지 진지하게 받아들여졌다. '좋음'이라는 가치 개념도 결국 수학적으로 표현될 수 있는 지성적 개념인 것이다. 플라톤은 이러한 수학적 질서에 근거하여 힘, 시간과 같은 물리학적 문제들과 인체의 구조, 기관 등의 생물학적 문제들을 설명한다.

4 아우구스티누스

초대 그리스도교 교회가 낳은 위대한 철학자이자 사상가이다. 아우구스티누스는 인간의 참된 행복은 신에 대한 사랑 그 자체에 있다고 하였다. 신을 사랑하려면 신을 알아야 함은 물론, 신이 잠재해 있다는 우리의 영혼도 알아야만 한다. 그 때문에 아우구스티누스가 철학의 대상으로 특히 관심을 가졌던 것은 신과 영혼이었다. 신은 우리 영혼에 내재하는 진리의 근원이므로, 신을 찾고자 한다면 굳이 바깥 세계로 눈을 돌리려 할 것이 아니라 스스로의 영혼 속으로 통찰의 눈을 돌려야 한다. 또 윤리에서는 모든 인간 행위의 원동력이 사랑이라는 것을 강조하고 있다. 인간은 결코 사랑하지 않고는 견딜 수 없는 존재이며, 윤리적인 선악은 그 사랑이 무엇으로 향했는가에 따라 결정된다 하였고, 마땅히 사랑해야 할 신을 사랑하는 자가 의인(義人)이고, 신을 미워하면서까지 자신을 사랑하는 자는 악인(惡人)이라고 하였다.

옛날에 손톱과 발톱을 자른 뒤, 그것을 아무 데나 버리는 나쁜 습관을 가진 도령이 있었습니다. 도령의 부모님은 몇 번이고 손톱과 발톱을 자르고 나면 항상 잘 싸서 버려야 한다고 말했지만, 그의 나쁜 습관은 전혀 고쳐지지 않았습니다.

그러던 도령이 공부를 하기 위해 집을 떠나 오랜 기간 절에 머물게 되었습니다. 절에서 보내는 시간이 길어지자, 그는 부모님도 집도 그리워졌습니다.

어느 날, 부모님에 대한 그리움으로 도저히 견딜 수 없을 정도에 이른 도령은 불쑥 집으로 돌아왔습니다. 소식도 없이 돌아와서인지, 집 안에는 인기척이 없었습니다. 도령은 우선 자신의 방에서 쉬어야겠다고 생각하며, 방문을 열었습니다. 그런데 이게 무슨 일입니까? 방 안에는 자기와 똑같이 생긴 도령이 책상 앞에 앉아 글을 읽고 있는 게 아닙니까?

둘은 서로 상대를 향해, "너는 누구냐. 누군데 나와 똑같은 모습을 하고 있느냐?" 며 실랑이를 하였습니다. 그러는 중에 외출하셨던 부모님께서 돌아오셔서, 다툼을 하고 있는 두 사람의 모습을 보고 기절할 듯 놀라셨습니다.

두 도령은 너무 똑같아 부모님조차 진짜 도령을 구별할 수 없었습니다. 부모님은 진짜 도령을 찾아내기 위해 집안 내력, 집안사람들의 일상사, 집의 구조 등 그 집안사람만이 알 수 있는 질문들을 하였습니다.

그러나 진짜 도령은 원래 공부만 하느라고, 그러한 집안일에는 관심조차 없었습니다. 하지만 가짜 도령은 원래 그 집 안에서 오랫동안 살아왔던 쥐였는데, 아무데나 버려졌던 진짜 도령의 손톱, 발톱을 먹고 둔갑한 것입니다. 그러니 가짜 도령은 이 집안 구석구석을 잘 알고 있었지요. 이런 상황이니 부모님의 질문에 바른 대답을 할 수 있는 사람은 가짜 도령이겠지요. 진짜 도령은 부모님에게 떠밀려 대문 밖으로 쫓겨났습니다.

진짜 도령은 억울한 마음에 길바닥에 앉아 통곡을 하였습니다. 그때 마침 길을 지나던 스님이 옆에 다가와 말을 건넸습니다. 진짜 도령의 눈물 섞인 하소연을 다 들으신 스님은 이미 무엇인가를 알고 있었다는 듯한 미소를 지으며,

"내가 집에 있는 도령이 가짜라는 것을 밝혀 주겠소. 그러면 여기 있는 도령이 진짜라는 것도 밝혀지겠지. 내게 비책이 있으니 걱정하지 마오."

스님은 그렇게 말씀하시더니, 고양이 한 마리를 진짜 도령에게 건네주었습니다.

"자. 이제 이 고양이를 집에 있는 가짜 도령 앞에 풀어 놓으시오."

진짜 도령은 곧바로 집으로 돌아가 가짜 도령 앞에 고양이를 풀어 놓았습니다. 그러자 가짜 도령은 고양이를 피해 도망치다가 결국 고양이에게 물려 쥐로 변하게 되었습니다.

생각 쓰기

혜진: 동건아, 오늘 민석이랑 달리기 시합을 하자고 했다면서?

동건: 응, 오늘 시합은 떡볶이 내기 시합이야. 달리기에서 지는 사람이 떡볶이를 사 주기로 했어.

혜진: 어쩌려고 네가 먼저 민석이에게 달리기 시합을 하자고 한 거니? 민석이는 우리 학교 달리기 대표 선수잖아. 너는 우리 반에서 제일 늦게 달리고…….

동건: 매번 나한테 민석이가 와서 달리기 꼴찌라고 놀려 대는 게 기분이 나빴거든. 괜찮아. 나는 절대로 민석이에게 지지 않을 거니까. 꼭 이겨서 민석이 코를 납작하게 해 줄 거야.

혜진: 어떻게? 그게 가능할까?

동건: 며칠 전에 제논의 역설에 대한 글을 읽었거든. 제논의 논리에 의하면 내가 민석이보다 몇 미터만 앞에서 출발하면 돼. 그 정도는 민석이도 양보해 줄 거야. 그렇게만 된다면 이길 수 있어!

생각 쓰기

주 요 개 념 및 배 경 지 식

1 제논의 역설

① 아킬레우스는 앞에 도망가는 거북이를 영원히 잡을 수 없다.

아킬레우스와 거북이가 달리기 경주를 하는데 아킬레우스의 속도는 거북이의 속도의 10배라 하고, 아킬레우스는 거북이의 100미터 뒤에서 출발하여 거북이를 따라잡는 것으로 설정해 보자. 아킬레우스가 100미터를 달려가서 본래 거북이가 있던 자리에 오면 그사이에 거북이는 10미터만큼 전진해 있을 것이다. 또 아킬레우스가 10미터를 달려가서 거북이가 있던 자리에 오면 그사이에 거북이는 1미터만큼 전진해 있을 것이다. 이렇게 아킬레우스가, 거북이가 처음 있던 점까지 가면 거북이는 이미 어느 정도 전진해서 좀 더 앞에 가 있게 되고, 또 아킬레우스가 그 점까지 가면 이미 거북이는 좀 더 앞에 나가 있게 된다. 이렇게 계속 전진해 나가면 거북이와 아킬레우스와의 간격이 짐짐 가까워지기는 하지만 거북이는 아킬레우스보다 언제나 조금씩이라도 더 앞으로 나아가 있게 되므로, 영원히 아킬레우스는 거북이를 따라잡을 수 없다는 것이다.

② 공중을 날아가는 화살은 움직이지 않고 정지해 있다.

활의 시위를 떠나 표적에 꽂힐 때까지 화살은 각 순간마다 위치해 있는 바로 그 장소를 차지하고 있다. 자신이 위치해 있는 바로 그 장소를 차지하는 각 순간마다 그 화살은 그 장소에서 정지하고 있는 셈이다. 각 순간마다 정지해 있는 동안에는 화살이 움직인 것이 아니다. 따라서 활의 시위를 떠난 순간부터 표적에 꽂힐 때까지 화살은 움직이지 않았다.

– 고등학교 《철학》 교과서, 교학사 참고

2 증명

어떤 사물이나 판단의 참과 거짓, 진짜와 가짜를 밝히는 것이다.

3 명제

논리적 판단을 언어나 기호로 표현한 것이다.

4 논박

잘못된 것을 공격하여 말하는 것이다.

5 전제

추리에 있어서 결론을 이끌어 내는 기초가 되는 가정(假定)이다.

6 정의

어떤 개념의 뜻을 확정하여 명백하게 밝힌 것이다.

7 우이독경(牛耳讀經)

'쇠귀에 경 읽기' 라는 뜻으로, 아무리 가르치고 일러 주어도 알아듣지 못함을 이르는 말이다. 이와 비슷한 말로는 '말의 귀에 동풍이 불어도 아랑곳하지 아니한다' 는 뜻으로 마이동풍(馬耳東風)이 있다. 이것 또한 '남의 말을 귀담아 듣지 아니하고 지나쳐 흘려버림' 을 이르는 말이다.

03강 논리 속으로

 다음은 삼단 논법을 전제의 성격에 따라 세 가지로 나누어 놓은 것이다. 삼단 논법이란 무엇인지 쓰고, 보기에서 두 가지를 골라 예를 들어 가면서 설명하시오.

[보기]

❶ 정언적 삼단 논법

❷ 가언적 삼단 논법

❸ 선언적 삼단 논법

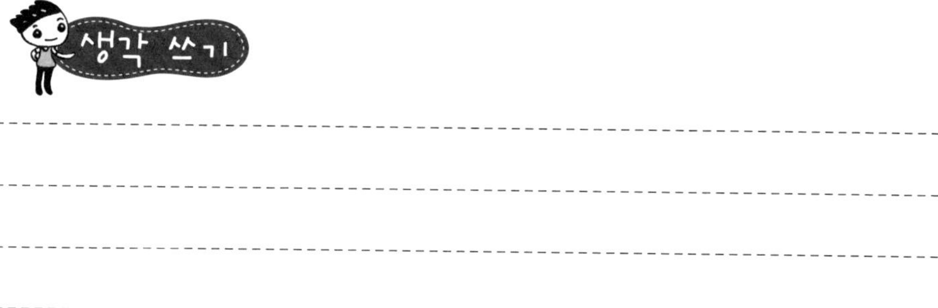

"그 증인은 범인으로 어떤 남자를 지목하고 있었어. 자신은 사건이 일어난 날
밤 11시쯤에 달빛에 비친 범인의 얼굴을 사건 장소에서 또렷이 보았다는 거야. 증
인의 말로는 그날은 달빛이 매우 밝았대."

"그랬는데?"

주호와 나는 마치 만화영화라도 보는 것처럼 제논의 다음 이야기를 기다렸어.

"그런데 증인의 이야기는 촌장에 의해서 거짓말인 것으로 밝혀졌어."

"정말? 어떻게? 촌장 아저씨도 그 장소에 있었나?"

"아니, 촌장님은 사건이 일어난 때가 음력으로 아흐렛날 밤 11시라는 사실을 알
고 있었거든."

"그런데?"

"그 시각에는 이미 달이 지고 난 후이기 때문에 증인이 범인의 얼굴을 볼 수 없
다는 것이지."

"아, 그럼 달빛에 비친 범인의 얼굴을 똑똑히 보았다는 증인의 말이 거짓으로
밝혀지는 거네?"

– 《제논이 들려주는 논리 이야기》 중에서

생각 쓰기

판사: 마지막으로 자신을 변호하고 싶은 말이 있으면 하시오.

도둑: 판사님, 생각해 보십시오. 제가 만약 감옥에 가게 된다면, 돌봐 줄 엄마도, 친척도 없는 제 어린 딸은 누가 보살필 것이며, 1년이나 병을 앓고 계신 홀어머니는 누가 간호하겠습니까? 무엇보다 제가 돈을 벌지 않으면 가엾은 제 딸과 어머니는 굶어 죽을 것입니다. 어린 딸과 어머니가 너무 불쌍하지 않습니까? 그렇기 때문에 저는 감옥에 가면 안 됩니다. 아니, 갈 수 없습니다.

생각 쓰기

----

1 오류

① 힘에 호소하는 오류

힘에 호소하거나 위협함으로써 자신의 주장을 받아들이게 하는 오류로 이 오류의 설득력은 상대방으로 하여금 공포를 불러일으키는 데 있다.

예) 나한테 맞고 싶지 않으면 오늘부터 내 책가방을 들어라.

② 인신공격의 오류

말을 하는 사람의 인격을 손상하면서 그의 주장을 꺾으려고 할 때 범하게 되는 오류로 격렬한 논쟁에서 감정을 통제하지 못할 때 빠지기 쉬운 오류이다.

예) 네가 제정신이라면 그런 행동을 하지 않을 것이다.

③ 피장파장의 오류

두 사람 간의 논쟁에서 상대방도 자기와 마찬가지 상황이므로 자기의 입장이 정당화된다고 주장하는 오류이다.

예) 엄마: 이를 닦을 때는 꼭 물을 컵에 받아서 하라고 했잖니.

아이: 에이, 엄마도 안 그러면서……..

④ 동정심에 호소하는 오류

상대방에게 연민의 정 또는 동정심을 유발하여 자신의 입장을 받아들이도록 하는 오류이다.

예) 모 재벌 그룹 회장은 뇌물 수수 사건에 대한 최후 변론에서 징역형이 구형되자 서러운 듯이 갑자기 울먹이며 손수건으로 눈물을 훔치면서 말하였다.

"학교를 졸업하고 월급 생활 7년과 창사 이후 27년 동안 단 하루도 쉬어 본 적이 없습니다. 아직 할 일은 많은데 좀 더 열심히 일할 수 있도록 재판부의 옳은 판결을 부탁드립니다."

⑤ 권위에 호소하는 오류

자신의 견해나 주장을 강화하기 위해서 그 방면의 권위자나 권위 있는 기관을 인용함으로써 발생하는 오류이다.

예) 그는 관 속에 넣어졌고, 장례식이 거행되었다. 묘지 앞에 이르렀을 때 다시 의식을 되찾은 그는 관 뚜껑을 밀치며 도와 달라고 소리쳤다.

"이게 무슨 소리지? 죽은 사람이 다시 살아났나 봐."

"그의 죽음은 제일가는 명의가 증명한 거야."

⑥ 결합의 오류

개별 요소들이 어떤 특성을 갖고 있다고 해서 그 요소들로 구성된 복합체도 그 특성을 갖고 있다고 추론하는 오류이다.

예) 영희는 눈, 코, 입 등이 모두 예쁘다. 따라서 얼굴도 예쁠 것이다.

⑦ 분해의 오류

전체가 어떤 특성을 갖고 있다고 해서 그 부분이나 요소들도 그러한 특성을 갖고 있다고 추론하는 오류이다.

예) 우리 반이 교내 축구 대회에서 우승하였다. 따라서 우리 반 학생들은 모두가 공을 잘 찬다.

⑧ 성급한 일반화의 오류

대표할 수 있는 사례들을 들어 일반화하는 경우는 일종의 귀납 논법으로, 우리가 지식을 축적하는 데 도움을 줄 수 있다. 그러나 대표하기 어려운 한 개 또는 몇 개의 특수한 사례를 들어 전체가 그 사례의 특성을 갖고 있다고 추론하면 성급한 일반화의 오류를 범하게 된다.

예) 철수는 부자이다. 그러므로 사람을 잘 도와줄 것이다.

⑨ 대중에 호소하는 오류

대중 심리를 자극해서 자신의 주장을 받아들이도록 유도하거나, 대다수의 사람들이 그렇게 하니까 그것이 옳으며 당신도 그렇게 해야 한다고 주장하는 오류이다.

예) 내 주변에 이 회사 제품의 비누를 안 쓰는 사람이 없다. 그러므로 이 회사의 비누는 가장 좋은 제품이다.

2 아리스토텔레스와 삼단 논법

아리스토텔레스에 따르면 일반적이며 필연적인 학문이 있는데 이 필연성을 고려하게 하는 도구는 삼단 논법이며, 이것은 두 개의 전제로부터 필연적인 결론을 이끈다고 하였다(연역법). 또 삼단 논법을 발명하면서 아리스토텔레스는 내용과 독립된 형식 논리학을 발견하였다.

아비투어 철학 논술

예시 답안

case 1 ㉮글에서 아우구스티누스는 '수(數)'를 천지 창조의 근본 원리이자 질서의 근본 원리로 간주하고, 수에 따라 합목적적으로 적절한 위치에 통합되어 복합체로 배열된 상태를 가장 아름다운 질서의 상태라고 해석하고 있다. 이러한 해석은 모든 사물의 본질과 구조는 그 사물 속에 담겨 있는 수적 관계를 찾아냄으로써 결정할 수 있으며, 수가 만물의 근원이라고 생각했던 그리스 철학자 피타고라스의 주장과 비슷하다.

우리 주위의 물질들은 제각기 다른 모습을 하고 있다. ㉯글에도 나와 있듯이 이런 다양한 물질들 중에서 고대 그리스 철학자들은 세상을 이루고 있는 근본 물질을 찾으려고 했다. 일반적으로 우리는 세상의 근원이 되는 물질이라면 오랜 세월이 흘러도 변하지 않고 없어지지 않는 그 무엇이라는 생각을 하게 된다.

고대 그리스 자연철학자들이 세상을 구성하고 있는 근본 물질을 탐구한 시도는 원리와 원인에 관한 지식을 탐구하는 철학적 토대를 제공하였다. ㉯에 열거한 철학자들을 중심으로 한 고대 그리스 자연철학은 그 후 정신 내지 영혼과 물질의 구별을 전제로 한 인간 중심의 철학적 사고 발전의 계기가 되었다고 하는 점에서 철학사적 의의가 크다.

case 1 귀류법이란 자신의 주장이 참이라는 것을 증명하기 위하여, 자신의 주장에 반대되는 가설을 수립하고, 그 가설의 결과가 모순된다는 것을 보여 줌으로써, 간접적으로 자신의 주장이 참이라는 것을 증명하는 방법이다.

이 전래 동화에서 문제를 해결하는 데 귀류법이 어떻게 사용되었는지 살펴보자. 먼저 도령의 부모님은 두 도령 중에 진짜 도령을 찾기 위해서 진짜 도령이라면 풀 수 있을 것이라고 생각하는 문제를 낸다. 하지만 진짜 도령을 찾아내지는 못한다. 결국 스님의 도움으로 진짜 도령이 진짜라는 것을 증명하는 직접적인 이유 대신 사람들이 진짜 도령이라고 생각하고 있는 도령이 가짜임을 밝힘으로써 진짜 도령이 진짜임을 증명하였다.

case 2 달리기를 잘하지 못하는 동건이는 달리기를 잘하는 민석이와 달리기 시합을 해서 이겨야 할 입장에 놓여 있다. 동건이는 자기가 민석이를 이길 수 있다고 확신한다. 동건이가 그렇게 생각한 이유는 무엇일까? 동건이는 제논의 유명한 역설 중에 아킬레우스의 거북이의 경주에서 볼 수 있는 논리를 응용하고 있다. 동건이는 존재와 변화의 모순 즉 존재와 변화는 동시에 일어날 수 없음을 응용하여 민석이와 자신과의 사이를 무한히 나눈 다음 그 속에 민석이를 끌어들임으로써 민석이를 앞설 수 있다고 생각하였다.

따라서 동건이는 자기가 민석이보다 앞에서 출발하게 된다면 '제논의 논리에 의해 아킬레우스가 거북이를 따라잡을 수 없는 것처럼, 민석이가 처음 내가 있던 지점까지 오면 이미 나는 더 전진해서 좀 더 앞에 가 있을 것이고, 또 민석이가 그곳까지 오면 나는 민석이보다 좀 더 앞 지점에 가 있을 것이다. 그래서 내가 결승점에 다다를 때까지 민석이는 나를 추월할 수 없을 것이다' 라고 판단한 것이다.

case 1 삼단 논법이란 대전제와 소전제의 두 전제로부터 하나의 결론을 이끌어 내는 연역적 추리법이다. 삼단 논법은 전제와 결론을 구성하고 있는 명제의 종류에 따라 아리스토텔레스가 체계화한 정언적 삼단 논법, 가언적 삼단 논법, 선언적 삼단 논법으로 나누어지는데, 이 가운데 정언적 삼단 논법이 대표적인 형식이다.

① **정언적 삼단 논법**: 추리의 두 전제가 정언적 판단만으로 이루어지는 정언적 결론을 내리는 추리이다. 정언적 판단이란 'A는 B이다' 처럼 아무런 조건 없이 판단하는 것을 말한다. 정언적 삼단 논법의 예는 다음과 같다. '모든 동물은 죽는다. 사람은 동물이다. 그러므로 사람은 죽는다.'

② **가언적 삼단 논법**: 가언적 판단을 전제로 하는 삼단 논법이다. 가언적 판단이란 '만약 S가 P라면, Q는 R이다' 처럼 어떤 가정이나 조건 아래 성립되는 판단이다. 가언적 삼단 논법의 예는 다음과 같다. '봄이 오면 제비가 날아온다. 봄이 왔다. 그러므로 제비가 날아온다.'

③ 선언적 삼단 논법: 선언적 판단을 대전제로 하고, 소전제에서 그 선언지 가운데 하나를 긍정하거나 부정하여 결론을 이끌어 내는 추리 방법이다. 선언적 판단이란 'A 는 P 또는 Q이다' 처럼 둘 이상의 판단을 논리어 '또는' 으로 연결하여 이루어진 판단 이다. 선언적 삼단 논법의 예는 다음과 같다.

'바구니에는 사과 또는 귤이 들어 있다. 바구니에는 귤이 없다. 그러므로 바구니에 는 사과가 들어 있다.'

case 2 직접 논증이란 가정에서 바로 추리하여 결론을 내는 증명 방법으로, 이미 참이라고 인정을 받고 있는 명제에서 출발하여 주어진 명제가 참임을 증명 하는 것이다. 간접 논증이란 전제에서 차례로 추론하여 결론을 이끌어 내지 아니하고, 주어진 전제하에서 결론을 부정하면 모순이 나온다는 것을 보임으로써 결론을 이끌어 내는 방법이다.

이 이야기에서는 음력 아흐렛날에는 달이 일찍 진다는 참인 근거를 통해 증인이 거 짓말을 하고 있다는 주장을 참이라고 밝혔기 때문에 직접 논증이 사용되고 있다는 것 을 알 수 있다.

case 3 오류란, 사고의 혼란 및 감정적 원인 때문에 발생하는 잘못된 추리이다. 노 둑은 동정심에 호소하는 오류를 범하고 있다. 동정심에 호소하는 오류란 상대방에게 동정심이나 연민의 정을 유발하여 자신의 입장을 옳은 것으로 받아들이도 록 하는 오류이다. 도둑은 자기가 감옥에 간다면 어린 딸과 아프신 어머니를 보살펴 줄 사람이 없다는 말로 판사가 연민의 정을 느끼도록 유도하고 있다.

이 밖에도 오류의 종류에는 ① 힘에 호소하는 오류 ② 인신공격의 오류 ③ 피장파장의 오류 ④ 동정심에 호소하는 오류 ⑤ 권위에 호소하는 오류 ⑥ 결합의 오류 ⑦ 분해의 오류 ⑧ 성급한 일반화의 오류 ⑨ 대중에 호소하는 오류 등이 있다.

철학자가 들려주는 철학이야기 028

아우구스티누스가 들려주는 신의 사랑 이야기

저자_심형규

강원대학교 철학과를 졸업하고 독일 트리어대학교에서 철학과 박사 과정을 수료했다. 현재 강원대학교와 방송통신대학교에서 강의하고 있다.

아우구스티누스의 '고백록'

1. 하나님에게로 나아가는 영혼의 여정(旅程)
2 인간의 원죄
3. 인간을 구원하시는 하나님

아우구스티누스의 '고백록'

■ 하나님에게로 나아가는 영혼의 여정(旅程)

《고백록》은 아우구스티누스의 주요 저서 가운데 하나이다. 이 책에서 나타난 아우구스티누스의 신학 사상은 중세 정통 신앙의 토대가 되었고, 중세의 전통문화 전반에 걸쳐 영향을 주었다. 이 책에서는 특히 아우구스티누스가 고민해 오던 문제들, 즉 선과 악의 문제, 원죄론, 시간론, 창조론 등에 대한 그의 생각이 분명하게 표현되고 있다. 이 가운데 원죄론과 구원론은 가장 핵심적인 그의 사상을 담고 있다.

아우구스티누스의 《고백록》은 신학 이론서이자 자전적 저술이라 할 수 있다. 이 책에서 아우구스티누스는 온전히 하나님을 알지 못하는 자신의 실존적인 모습을 그대로 나타내고 있는데, 그는 첫 부분에서 다음과 같이 말하고 있다.

"하나님, 당신은 당신을 위해서 우리를 창조하셨습니다. 당신의 품 안에서 쉬게 될 때까지 우리의 심장은 쉬지 않을 것입니다."

이처럼 아우구스티누스는 《고백록》에서 하나님을 향한 자신의 진지한 사색과 열정을 나타내고 있다.

아우구스티누스는 중세의 가장 생각이 깊은 교부 철학자(중세 교회의 아버지 역할을 한 철학자)로서 많은 사람들에게 신앙의 감동을 주었고, 교회의 이론을 확고히 세웠다. 아우구스티누스는 《고백록》에서 크리스트교로 개종할 때까지의 자신의 일생을 13권으로 나누어 기도 형식으로 기술하고 있다. 그는 이 책에서 크리스트교 안에서 마음의 안정과 평화를 찾을 때까지 자신의 일생은 끊임없는 불안과 혼동의 연속이었다고 고백하고 있다. 따라서 우리는 《고백록》에서 하나님에게로 나아가는 아우구스티누스의 여정(旅程)을 볼 수 있다.

2 인간의 원죄

《고백록》의 가장 중심이 되는 내용 중 하나가 인간의 원죄에 관한 것이다. 아우구스티누스에 의하면 최초에 창조된 본래 인간의 모습은 '신의 형상' 대로 창조되었기 때문에 인간에게는 영혼의 불멸성과 자유의지라는 신의 은총이 주어졌다고 한다. 그러나 인간은 이러한 자유의지를 자신의 저속한 욕망을 채우는 데 사용해서 스스로 일어설 수 없는 병든 상태에 이른다.

인간은 지금 병들어 있다. 그것은 인간이 선함과 진실함과 더불어 영원히 살기를 바라는 신의 뜻을 따르지 않았기 때문이다. 즉 인류의 선조인 아담과 이브가 뱀의 꼬임에 빠져서 에덴동산에서 선악과를 따 먹고 하나님과의 약속을 저버렸기 때문이다. 이 같은 이유로 인간은 죄를 가지고 태어났다. 인간은 원죄를 지었기 때문에 태어나면서부터 사망에 이르기까지 온갖 삶의 고통을 겪지 않으면 안 되었다. 인간은 자신의 욕망과 이기심으로 인해 비참한 존재로 머무르게 된 것이다.

아우구스티누스는 인간의 원죄를 통해 인간의 사악한 본성으로부터 나오는 악의 요소에 주목한다. 우리는 살아가면서 자신의 내부에 감춰진 뿌리 깊은 아집과 탐욕에 휩싸인 자신을 느낀다. 그와 같은 인간의 원초적 죄의식에서 아우구스티누스는 인간의 원죄를 발견한다.

이제 인간은 타락한 자신을 깨닫고 본래의 모습을 되찾아야만 한다. 또한 아담과 이브가 저지른 원죄의 대가로 잃어버렸던 '하나님의 형상'을 되찾아 하나님과의 관계를 회복해야만 한다. 그리하여 진실하고 선한 생활과 영원히 사는 것을 기원해야만 할 것이다. 하지만 신의 도움 없이 인간 혼자의 힘으로는 이 병든 상태에서 벗어날 수 없다. 따라서 이를 위해 아우구스티누스는 인간에게 신의 구원이 반드시 필요하다고 말했다.

❸ 인간을 구원하시는 하나님

아우구스티누스에 따르면, 우리의 본성에 내재한 원죄는 신의 은총 없이는 결코 구원받을 수 없다고 한다. 왜냐하면 인간은 이미 그 조상이 저지른 원죄 때문에 자유의지 자체가 심각하게 훼손되었기 때문이다.

아우구스티누스는 신의 뜻에서 벗어난 삶을 살고 있는 인간들이 처음 창조되었을 때의 모습을 되찾을 수 있는 유일한 길은 참회라고 말하였다. 즉 인간은 자신의 삶을 진심으로 반성하고, 신에게 자신의 죄에 대하여 진심으로 용서를 빌어야만 한다는 것이다. 하나님은 그 자체가 무한한 사랑이기에, 인간이 용서를 빌 때 반드시 응답하신다. 용서받을 수 없는 죄를 지은 인간조차도 용서를 구하면 사랑의 하나님이 본래의 모습을 찾을 수 있도록 그를 용서해 주신다. 이것을 '신의 은총' 이라고 한다.

아우구스티누스의 이러한 주장은 그의 깊은 종교적 체험에 기인한다. 아우구스티누스는 젊었을 때 꽤 방탕한 생활을 하였다. 크리스트교로 개종하기 전에 그가 경험한 온갖 육체적 쾌락과 마니교, 신플라톤주의를 포함한 거의 모든 사상과 종교는 아우구스티누스에게는 하찮은 존재로서 인간적인 무력감과 상실감을 가져다줄 뿐이었다. 그렇기 때문에 아우구스티누스는 신의 은총만이 인간의 거듭난 삶을 보장할 수 있다고 확신하였다.

아우구스티누스는 그리스도 예수를 제외한 이 세상 어느 누구도 죄로부터 자유로울 수 없다고 하였다. 심지어 예수의 어머니인 마리아까지도 원죄를 지닌 채 태어났다. 그러므로 아우구스티누스는 마리아 역시 아들인 예수 그리스도를 통해 구원을 얻는다고 생각하였다. 아우구스티누스에 따르면 죄로 얼룩진 인간은 이 세상에 사는 동안 끊임없이 성스러워져야 한다고 했다. 그래서 인간은 부단히 하나님에게로 다가가야 하는 것이다.

아우구스티누스

Aurelius Augustinus

**아우구스티누스가 누구인지 다음의 제시문을 읽고 핵심 내용을
요약하시오.**

아우구스티누스(Aurelius Augustinus, 354~430)는 북아프리카의 누미디아 지방에 있는 도시 타가스테(오늘날 알제리의 수크아라스)에서 로마의 궁정 관리로 이교도인 아버지와 크리스트교인 어머니 사이에서 태어났다. 그의 유년 시절과 청년 시절은 세상의 쾌락을 좇던 시기로 그야말로 혼란과 방황의 연속이었다. 따라서 이 시기에 아우구스티누스를 지켜본 사람이라면 어느 누구도 그가 장차 로마 가톨릭 최고의 대부가 되리라고는 상상도 하지 못했을 것이다. 학교에서는 엘리트들이 당연히 알아야 할 그리스어도 배우기 싫어하였고, 친구들과 어울려 남의 과수원에 들어가 배를 훔치기도 했다. 뿐만 아니라 불량한 친구들과 밤거리를 쏘다니면서 여자들과 방탕한 생활을 즐기기 일쑤였다(그 당시에는 남자가 방탕한 생활을 하는 것을 그다지 나쁜 일로 여기지 않았다).

젊은 시절, 아우구스티누스는 키케로(로마의 철학사)의 작품을 접하게 된 후 철학 연구와 진리 탐구의 길로 들어선다. 처음에 그는 자신이 공동체의 일원으로 10년 동안 속해 있었던 마니교(선과 악의 원리를 믿는 종교)의 교리에서 진리를 찾을 수 있다고 믿었다. 하지만 그는 이 공동체에서 정신적인

혼란만 경험한다. 그 후 그는 로마를 거쳐서 황제가 있는 밀라노로 갔다. 아우구스티누스는 그곳에서 수사학(오늘날 웅변술) 교사의 일을 하였으나 그의 정신적인 방황은 계속되었다. 그러나 387년, 그는 밀라노의 주교 암브로시우스의 설교에 크게 영향을 받아 마침내 크리스트교로 개종하게 되었다. 크리스트교 안에서 진리를 발견하게 되면서 그의 방황은 끝나게 된다. 여기에는 아들을 위한 어머니 모니카의 헌신적인 노력이 있었다. 이때부터 아우구스티누스는 이탈리아와 그의 고향인 북아프리카에서 크리스트교를 위한 연구와 명상 생활을 한다. 이러한 생활은 그가 사제로 임명되고 히포레기우스가 주교로 임명된 후에도, 430년 반달족에 의해 도시가 포위되어 그가 사망할 때까지도 여전히 계속되었다.

아우구스티누스의 주된 저서로는 《고백록》, 《의지의 자유에 대하여》, 《삼위일체설에 관하여》, 《신국론》 등이 있으며, 그중에서도 《고백록》과 《신국론》은 그의 대표적인 저서들이다. 그는 《고백록》에서 신학 사상의 거의 모든 영역을 서술한다. 이 책에서는 삼위일체설, 원죄론과 구원론, 시간론, 창조론 등 기독교 교리의 모든 영역이 담겨 있다. 우리는 이 책에서 신을 향한 아우구스티누스의 끊임없는 사색을 볼 수 있다. 또한 《신국론》에서는 로마인의 이기심과 도덕 불감증으로 로마가 몰락하게 되었다는 것을 논증한다. 이는 당시에 제기된 주장들, 즉 로마 멸망의 원인은 로마인들이 그들의 옛 신들을 포기하고 크리스트교를 받아들였기 때문이라는 사실을 크게 뒤집는 발언이었다.

생각 쓰기

1 키케로(Marcus Tullius Cicero, BC 106 ~ BC 43)

로마의 정치가이자 법률가이고 학자이며 작가이다. 로마 공화국을 파괴한 마지막 내전 때 공화정의 원칙을 지키기 위해 애쓰지만 실패하고 만다. 키케로는 또한 문필가로서 철학에 관한 많은 저작을 남겼다. 저술로는《수사법 및 웅변에 관한 책》,《철학과 정치에 관한 논문 및 편지》등이 있다. 그는 로마의 가장 위대한 웅변가로서 수사학의 혁신자였다. 그러나 안토니우스(M. Antonius)에게 살해되어 생을 마감했다.

2 암브로시우스(Ambrosius, 339~397)

밀라노의 주교였으며, 성서 비평가이다. 중세 교회와 국가의 관계에 관한 전형이 된 여러 사상을 처음으로 제시한 사람이다. 그의 저서들은 라틴 웅변의 걸작으로 인정받는다. 찬송가 등을 통한 그의 음악적 업적은 지금까지 사람들에게 기억되고 있다. 암브로시우스는 히포의 성 아우구스티누스를 개종시키고 세례를 준 교사로도 유명하다.

3 히포레기우스

    북아프리카 해안에 있는 두 개의 고대 항구 중 하나이다. 훗날 히포레기우스라고 불리게 된 히포는 지금의 알제리에 있는 안나바(옛 이름은 본) 시 근처에 있었다. 기원전 4세기, 이곳에 처음 정착한 사람들은 카르타고 인들로 추정된다. 나중에 이 항구는 누미디아 왕들의 거주지가 되었다.

01강 하나님이 창조하신 세계

case 1 아우구스티누스는 인간과 신의 관계를 어떻게 이해하고 있으며 그로 인해 신이 인간에게 부여한 능력은 무엇인지 설명하시오.

신은 자연을 창조하고 인간을 만들었습니다. 신이 인간을 만든 이유는 인간이 자연의 아름다움을 느끼며 그 속에서 자연과 더불어 진실하고 선하게 살기를 바랐기 때문입니다. 그래서 신은 다른 어떤 존재보다 인간을 현명한 존재로 만들었습니다. (……)

아우구스티누스의 생각에 따르면 신은 시간과 역사 안에서 활동하는 동시에 시간과 역사를 초월한다고 합니다. 신이 시간과 역사 안에서 활동한다는 말은 신의 세계가 따로 있고, 가끔 신이 우리에게로 와서 명령하는 것이 아니라, 인간이 살아가고 있는 시간과 공간 안에서 신이 원하는 역사를 만들어 가고 있다는 뜻입니다. 다시 말하면 신은 항상 우리와 함께하며, 우리는 신과 함께 있다는 것입니다. (……) 인간의 역사 안에서 활동하시는 신은 또한 인간이 스스로 자신의 세계를 만들어 가도록 선물을 주십니다. 신이 인간에게 주신 선물은 지식과 생명 그리고 능력 등 매우 다양합니다.

― 《아우구스티누스가 들려주는 신의 사랑 이야기》 중에서

생각 쓰기

1 신비

이론과 인식을 초월하여 나타나는 불가사의한 현상을 말한다.

2 초월

인간으로서는 절대 경험할 수 없는 영역을 이르는 말로 내재와 반대되는 말
이다. 일반적으로 무엇을 넘어서 있는 것을 뜻한다.

3 지혜

사물의 도리나 선악 따위를 잘 분별하는 마음의 작용을 말한다. 불교에서는
어떤 일에 정신을 빼앗겨 헤매는 상태에서 벗어나 부처의 진정한 깨달음을 얻
는 힘을 일컫는다.

02_강 인간의 뿌리 깊은 본성, 원죄

case 1 아우구스티누스에 의하면 신은 사랑으로 인간을 창조했다고 한다. 그럼에도 불구하고 인간은 아담의 범죄로 인하여 자신의 본래 모습을 잃어버렸다고 말한다. 다음의 글을 잘 읽고 이 내용에 대해서 서술하시오.

아우구스티누스는 인간을 신의 창조물이라고 하였습니다. 신은 자연을 창조하고 거기에 아름다운 자연과 더불어 살수 있도록 인간을 만들었습니다.

그러나 인간은 신의 뜻을 따르지 않았습니다. 지금 인간은 병들어 있습니다. 인간은 그들의 선조인 아담과 이브가 지은 죄 때문에 원죄를 가지고 태어남으로써, 창조되었을 때의 상태와는 다른 인간이 되었습니다. 신의 뜻에 따르지 않고 자신의 욕심을 추구한 인간은 스스로 일어설 수 없는 병든 상태에 이르렀습니다. 신은 인간이 선함, 진실함과 더불어 영원히 사는 것을 원하였는데, 인간은 이러한 신의 뜻을 저버렸습니다. 인간은 신의 뜻을 어기는 죄를 범했기 때문에 무지한 채로 죽어 가는 존재가 되었습니다. 자연의 거대한 질서에 비해서 매우 미세하고 가엾은 존재이면서도 교만과 오만에 빠져 있습니다. 인간은 그 자신이 가진 욕심과 이기적인 마음 때문에 비참한 존재로 머물게 된 것입니다.

- 《아우구스티누스가 들려주는 신의 사랑 이야기》 중에서

아우구스티누스는 인간은 자신이 지은 죄를 신에게 고백하여 신의 은총을 입어야만 비로소 현재의 병든 상태에서 벗어날 수 있다고 합니다. 신이 원하지 않았던 삶에 대해서 인간이 반성하고 다시는 그러한 잘못을 범하지 않겠다는 마음으로 신에게 용서를 빌 때, 신은 인간의 죄를 용서하고 그에게 본래 인간의 모습을 돌려준다는 것입니다. 왜냐하면 신은 그 자체가 무한한 사랑이기 때문입니다. 신의 사랑은 용서할 수 없는 죄를 범한 인간에게도 본인이 용서를 구하면 신은 그를 용서하여 다시 본래의 모습을 찾을 수 있도록 돌봐줍니다. 이것을 신의 '은총'이라고 하지요.

– 《아우구스티누스가 들려주는 신의 사랑 이야기》 중에서

아우구스티누스는 인간 예수를 믿고 따라야 한다고 말한다. 그 이유는 인간 예수에게 인간의 가장 훌륭한 능력인 겸손을 배울 수 있기 때문이다. 겸손의 상징인 예수는 인간이 따라야 할 본래의 모습을 지닌 하나님의 귀한 아들이다. 예수 그리스도는 이 땅에서 핍박받는 자와 가난한 이들과 함께 생활하였고, 자신의 고통에 대해서도 두려워하지 않았으며, 마지막에는 사람들의 영원한 삶을 위해서 자신의

생명을 바쳐 하나님의 인간 구원의 뜻을 몸소 실천하였다. 아우구스티누스는 하나님이 예수를 통해서 이 땅의 인간들을 위해 구원 활동을 하신 것이라고 생각한다. 예수가 보여 준 지혜로운 삶, 신을 받아들이는 경건함, 이웃을 자기의 몸처럼 대하는 사랑의 정신은 바로 인간 본래의 모습이다.

－《아우구스티누스가 들려주는 신의 사랑 이야기》 중에서

생각 쓰기

주 요 개 념 및 배 경 지 식

1 아담과 이브

아담은 《구약성서》에 기록된 인류 최초의 남성이다. 이브의 남편이기도 하다. 이브는 《구약성서》에 나오는 인류 최초의 여성으로서 하나님이 아담의 갈비뼈로 만들었다고 한다. 아담의 아내이며 하와라고도 한다.

2 은총

크리스트교에서 하나님이 인간에게 내리는 은혜를 말한다. 예수 그리스도의 죽음은 인류의 죄를 구속하려는 하나님의 은총이다.

3 피조물

조물주에 의해 만들어진 우주에 있는 온갖 사물과 현상을 말한다.

4 원죄

최초의 인류였던 아담과 이브가 저지른 죄로 현재까지도 그 영향이 모두에게 미친다고 한다.

인간을 구원하시는 하나님

case 1 아우구스티누스는 인간이 본래의 모습을 되찾기 위해서는 교회의 힘을 빌려야 한다고 했다. 인간 구원에 교회가 하는 역할은 무엇인지 다음 글을 읽고 설명하시오.

이제 인간은 본래의 모습으로 되돌아가려고 하지만 혼자의 힘으로는 이 병든 상태에서 벗어날 수 없습니다. 아우구스티누스는 이를 위해 인간은 신의 구원을 필요로 한다고 합니다. 이제 본래의 모습으로 되돌아가려는 인간은 어떤 일을 해야 할까요? 다시 말하면 진실하고 선한 생활과 영원히 사는 것을 위해서 인간은 어떤 일을 할 수 있을까요? 아우구스티누스는 인간은 자신이 지은 죄를 신에게 고백하여 신의 은총을 입어야만 비로소 현재의 병든 상태에서 벗어날 수 있다고 합니다.

– 《아우구스티누스가 들려주는 신의 사랑 이야기》 중에서

아우구스티누스가 생각하는 예수는 인간이 따라야 할 본래의 모습입니다. 신은 예수를 통해서 이 땅에서 활동하는 것이죠. 예수의 겸손은 정점에 달합니다. (……) 그가 보여 준 지혜로운 삶, 신을 받아들이는 경건함, 이웃을 자기 몸처럼 대하는 사랑의 정신은 우리가 본받고 따라야 할 인간의 전형적인 모습이라고 아우

구스티누스는 생각하였습니다.

(······) 아우구스티누스는 인간이 예수를 본받기 위해서 이 땅에서 할 수 있는 일을 '교회'에서 찾았습니다. 교회라는 공동체는 하나님을 믿는 믿음의 공동체입니다. 이 공동체는 인간의 원래 모습이신 예수를 본받고자 모인 공동체입니다. 교회는 예수로부터 하나님의 말씀을 전해 듣고 이를 실천하기 위해 모인 사람들의 모임입니다. 따라서 신을 찾는 사람들은 교회에 모여 서로 공동으로 미래에 대한 희망을 갖습니다.

– 《아우구스티누스가 들려주는 신의 사랑 이야기》 중에서

(……) 아우구스티누스는 모든 능력 중에서 가장 훌륭한 능력을 '겸손'이라고 말합니다. 인간은 겸손을 통해서 비로소 배워 갈 수 있는 존재입니다. 아우구스티누스는 겸손의 상징을 인간 예수에게서 보았습니다.

아우구스티누스가 생각하는 예수는 인간이 따라야 할 본래의 모습입니다. 신은 예수를 통해서 이 땅에서 활동하는 것이죠. 예수의 겸손은 정점에 달합니다.

그는 가난하고 핍박받는 이들과 함께 생활하였고, 자신의 고통에 대해서도 두려워하지 않았으며, 마지막에는 사람들의 영원한 삶을 위해서 자신의 생명을 바쳤습니다. 그가 보여 준 지혜로운 삶, 신을 받아들이는 경건함, 이웃을 자기의 몸처럼 대하는 사랑의 정신은 우리가 본받고 따라야 할 인간의 전형적인 모습이라고 아우구스티누스는 생각하였습니다.

그리고 예수는 인간이면서 동시에 신이신 하나님과 부자 관계를 이룬 인간이 달성할 수 있는 최고의 삶의 표본이자 인간이 본받아야 할 대상이 되는 셈입니다.

(……) 예수는 성자(聖子)에 속하지요. (……) 성자는 신의 아들로서 그로부터 '태어난 자'입니다. 인간들은 신의 아들, 성자를 통해서 신을 알고 신에게로 가까이 갈 수 있어요. 인간들은 성자를 통하지 않고서는 신의 원리를 알 수 없습니다.

성자는 성부(하나님)와 인간을 연결해 주는 역할을 하고요.

–《아우구스티누스가 들려주는 신의 사랑 이야기》 중에서

생각 쓰기

1 예수 그리스도(Jesus of Galilee 혹은 Jesus of Nazareth, BC 6 ~ AD 30경)

크리스트교의 창시자이다. 그의 행적과 메시지들은《신약성서》에 기록되어
있다.

2 교회

기독교 교의(敎義)를 가르치고 그것을 세상 사람들에게 전하거나 예배, 미사
를 드리기 위한 건물이나 조직을 말한다.

3 성부와 성자

성부(聖父): 기독교에서 삼위일체의 제1위인 하나님을 일컫는 말이다.

성자(聖子): 기독교에서 삼위일체의 제2위인 예수 그리스도를 일컫는 말이
다. 기독교에서 삼위일체의 교리(敎理)는 신(神)이 세 가지 모습들, 즉 성부와 성
자와 성신(聖神)이 되어 나타난 것으로, 원래는 한 몸이라는 생각이다.

아비투어 철학 논술

예시 답안

① 아우구스티누스는 북아프리카의 누미디아 지방에 있는 도시 타가스테(오늘날 알제리의 수크아라스)에서 로마의 궁정 관리였던 이교도인 아버지와 크리스트교인 어머니 사이에서 태어났다.

② 아우구스티누스의 어린 시절과 청년 시절은 그야말로 세상의 쾌락을 좇던 시기였다. 이 시기를 지켜본 사람이면 그가 장차 로마 카톨릭 최고의 대부가 되리라고는 상상도 하지 못할 만큼, 혼란과 방황의 시간을 보냈었다.

③ 아우구스티누스는 키케로(로마의 철학자)의 작품을 접하게 된 후 철학 연구와 진리 탐구의 길로 들어선다.

④ 아우구스티누스는 387년, 밀라노의 주교 암브로시우스의 설교에 크게 영향을 받고 크리스트교로 개종한다. 그는 크리스트교로 개종하면서 어린 시절부터 계속되던 정신적인 방황으로부터 벗어나게 되었다.

⑤ 아우구스티누스는 그가 사제로 임명되고 히포레기우스의 주교로 임명된 후에도, 430년 반달족에 의해 도시가 포위되어 그가 사망할 때까지도 크리스트교를 위한 연구와 명상 생활을 계속한다.

⑥ 아우구스티누스의 주된 저서로는 《고백록》, 《의지의 자유에 대하여》, 《삼위일체설에 관하여》, 《신국론》 등이 있으며, 그중에서 《고백록》과 《신국론》은 그의 대표적인 주요 저서들이다.

case 1 아우구스티누스는 인간을 하나님의 창조물로 말한다. 즉 하나님은 인간을 창조한 창조주이고, 인간은 하나님의 피조물이다. 그에 따르면, 하나님은 인간을 창조하면서 진실하고 선한 생활과 영원히 사는 것을 희망하신다. 그래서 신은 다른 어떤 자연의 존재물보다도 인간을 특별하게 만드셨다. 즉 이 세상의 어떤 존재보다도 뛰어나고 현명한 존재로서 인간은 자연 속에서 살게 된 것이다.

창조주로서의 하나님은 결코 자연 속에서 사는 인간과 동떨어진 다른 세계에서 사는 것이 아니다. 아우구스티누스는 인간이 살아가고 있는 시간과 공간 안에서 신은 우리와 언제나 함께하며 자신이 원하는 역사를 만들어 가고 있다고 이야기한다. 하지만 신은 우리와 함께인 동시에 모든 것을 넘어서는 초월적 존재로서 시간과 공간의 제한을 뛰어넘는다.

또한 아우구스티누스는 인간 스스로 자신의 세계를 만들어 갈 수 있도록 신이 지혜와 생명 그리고 능력 등을 주셨다고 말한다. 인간은 신이 주신 생명으로 이 땅에 태어나 살면서 삶의 조건들을 더욱 풍부하게 만들어 가는 존재이다. 이를 위해서 인간은 다양한 능력을, 즉 도구를 쓴다든가 말을 할 줄 아는 능력 등을 하나님으로부터 선물받았고, 따라서 인간은 하나님에게서 축복받은 존재이다.

case 1 아우구스티누스에 따르면 신은 인간을 자연과 더불어 선하고 진실하며 영원히 살아가도록 창조했으며, 태초의 인간은 행복하게 영원히 살아갈 수 있는 존재였다고 한다. 그러나 최초의 인간이었던 아담과 이브는 신의 뜻을 어기는 죄를 범하였다. 이들이 신을 배반함으로써 인간은 본래의 삶(아름답고 영원한 삶)을 잃어버리게 되었고, 이는 곧 고통과 죽음이 예정된 삶을 살 수밖에 없다는 것을 의미했다. 그리고 그러한 죄와 그로 인해 변형된 인간의 삶은 후손들에게도 고스란히 전달되어 태어날 때부터 원죄를 가진 채 고통과 죽음을 반복하게 되었다.

인간은 거대한 자연의 질서와 비교해 아주 미세하고 하찮은 존재이면서도 교만과 오만을 버리지 못하고 신의 사랑을 배신했다. 결국 인간은 스스로가 가진 욕망과 이기적인 마음 때문에 처참한 존재로 전락하게 된 것이다.

case 2 아우구스티누스에 의하면, 인간은 불완전하고 나약한 존재이다. 게다가 인간은 온갖 욕망과 교만, 오만에 빠져 있다. 이러한 특성을 지닌 인간은 스스로의 힘에 의해서는 지금의 병든 상태를 벗어날 수 없다. 따라서 신의 구원이 필요한 것이다.

아우구스티누스는 인간이 하나님의 참된 구원을 얻으려면 하나님의 아들, 즉 예수를 믿고 본받아야 한다고 생각한다. 그것은 예수가 보여 준 지혜로운 삶, 신을 받아들이는 경건함, 이웃을 자기 몸처럼 아끼는 사랑의 정신 등이 바로 우리가 본받고 따라야 할 인간의 전형적인 모습이라고 생각하기 때문이다.

case 1 아우구스티누스는 예수를 본받기 위하여 인간이 이 땅에서 할 수 있는 일
을 '교회'에서 찾는다. 교회는 사람들이 인간의 원래 모습이신 예수를 본받
자고 모인 공동체이다. 이들은 교회 생활을 통하여 공동으로 미래에 대한 희망을 갖고
타락했던 과거를 벗어나 신에 의해 새로운 인간으로 태어나게 된다. 그리하여 인간은
신이 원하는 인격적이고 도덕적인 삶을 살 수 있게 된다. 이때야말로 진정으로 인간에
대한 신의 구원이 완성되는 것이다.

case 2 아우구스티누스에 의하면, 신의 사랑은 무한해서 창조주인 신을 배신하고
그 뜻을 어기더라도 인간에게 구원의 길을 열어 두셨다고 한다. 구원의 길
로 들어서기 위해서는, 자신의 죄를 참회하고 신에게 진정으로 용서를 구하여 인간 태
초의 모습을 회복해야만 한다. 그리고 신의 뜻에 따라 원죄를 짓기 이전의 인간 본래
모습으로 돌아가기 위해 구원하러 오신 예수 그리스도를 믿고 따라야 한다.
　아우구스티누스에 따르면, 예수 그리스도는 인간이면서 동시에 신이다. 그는 하나
님의 아들로서 인간을 구원하기 위해 이 땅에 내려와 하나님의 뜻을 실천하신 분이다.
　인간은 예수로부터 인간이 달성할 수 있는 최고의 삶을 본받고 깨닫는다. 인간은

예수를 통하여 하나님의 뜻을 알고, 하나님께 가까이 갈 수 있다. 따라서 하나님은 인간에게 죄에 대한 참회와 용서의 기회를 주기 위해 예수 그리스도를 보내 인간을 구원하려고 한 것이다.

철학자가 들려주는 철학이야기 029

주희가 들려주는 성리학 이야기

저자_이정배

강원대학교 물리학과를 졸업하고 감리교신학대학교 대학원에서 석사 학위를 받았다. 현재 강원대학교 국어국문학과 박사 과정 중에 있고, 춘천 YMCA, YWCA 독서 지도사 자격 과정 전임 강사로 활동하고 있으며, 2004년과 2005년에 강원청소년영화제 심사위원장과 2005년 FISH EYE 국제영화제 심사위원장을 역임했다.

01강 주자라고 부르는 까닭

case 1 주희를 '주자'라고 부른다. 공자나 맹자의 경우도 이런 식으로 불린다. 이름의 뒤에 자(子)를 붙이는 까닭은 무엇인지 설명하시오.

"그런 거 몰라. 나는 낮에는 일하고 밤에 아버지한테서 글을 배우는데 전혀 따분하지 않아. 배우는 게 모두 성인의 말씀이거든."

"성인의 말씀이라고? 아까 내가 나물을 조금밖에 못 캤다고 아저씨가 야단칠 때 '주자님 말씀' 어쩌고 하던데, 그럼 그 주자님도 성인이냐?"

"그렇다고 할 수 있지. 주자는 성인의 말씀을 해석해서 잘 전달한 분이야. 민수 형은 그 유명한 주자도 모르나 보지?"

"내가 주자를 어떻게 아냐?"

민수 형이 퉁명스럽게 말하자 태극이는 한심하다는 듯 대꾸했다.

"우리 집안이 주자(朱子)의 후손 집안인데 그것도 몰라? 주자는 원래 주희(朱熹)라는 분이야. 주씨 성 뒤에 붙는 '자(子)'라는 글자는 유명한 선생님 뒤에만 붙이는 거야. 가령 공자, 맹자, 노자…… 이렇게 말이야."

"야, 잘난 척하지 마. 우리 엄마 이름도 명자고, 이모는 춘자, 고모는 금자다. 뭐 '자' 자가 유명한 선생 뒤에 붙이는 글자라고?"

"한때 여자 애들 이름에 그렇게 '자' 자를 붙인 건 일제의 영향을 받아서 그래. 그건 주자하고는 상관없는 일이야. 주자는 송나라 때 학자로, 성리학을 완성한 분이서. 그분의 후손들이 조선시대 때 우리나라에 와서 귀화해 살았는데 그들이 우리 조상들이 된 거야."

– 《주희가 들려주는 성리학 이야기》 중에서

생각 쓰기

----

1 성인

인간이 갖추어야 할 중요한 인격적 요건을 갖추고 있어 다른 사람들의 모범이 되고 큰 영향을 준 사람을 일컫는 말이다. 종교적인 의미로는 각 종교의 귀감이 되고 시조가 되는 사람을 지칭할 때 사용하는 말이다. 때로는 일반 사람들을 초월한 뛰어난 사람으로 생각하기도 한다.

2 귀화

일반적으로 특정 국가에서 외국인에게 그 나라 국민의 신분을 부여하는 것을 일컫는 말이다. 자발적인 신청이나 그 나라 시민과의 결혼 또는 친자 소송 등으로 이루어질 수 있다. 때로는 의미가 확대되어 사람이 아닌 동물이나 식물이 외국으로부터 들어와 정착하는 경우나 타국의 문화나 외국어가 들어와 자리 잡는 경우에도 귀화라는 단어를 사용한다.

"참 아는 것도 많다. 그래, 송나라 때 유명하면 유명했지 그게 우리하고 무슨 상관이 있다고 내가 나물 좀 적게 캔 걸 갖고 그분 말씀까지 들먹이냐?"

"그건 형이 잘 몰라서 그래. 조선시대 때 학자들이 공부했던 책이 무슨 책인지 알아? 대부분 주자가 해석한 책이야. 그 책이 바로 과거 시험을 위한 교과서였어. 그러니까 우리 선조들은 주자의 학문으로 조선이라는 나라를 오백 년 동안이나 다스렸다는 말이야. 조선 시대에만 그랬나? 지금도 주자의 생각은 많은 한국 사람들의 머릿속에 들어 있어. 나는 물론이고 형네 아빠나 엄마, 심지어는 형의 머릿속에도 주자의 생각이 들어 있다고."

"뭐라고? 내 머릿속에 주자의 생각이 들어 있다고?"

"그래. 우리하고 같이 살다 보면 알게 될 거야."

"좋다. 그건 그렇다 치고, 아까 아저씨가 중얼거린 말은 무슨 말이냐?"

"아, 그거. 주자가 쓴 시의 일부분을 한문으로 읽은 거야. '소년은 쉽게 늙어가고 학문은 이루기 어려우니 비록 짧은 한순간이라노 가벼이 여겨서는 안 된다'는 뜻이지. 형이 열심히 일하지 않고 게으름 피운 것을 두고 한 말이야."

"쳇, 난 또 뭐라고."

민수 형은 자리에서 일어나며 그렇게 투덜거렸다.

– 《주희가 들려주는 성리학 이야기》 중에서

생각 쓰기

1 과거 시험을 위한 교과서

과거제도는 국가의 중앙집권 의도와 맞물려 있다. 새로운 인재를 등용하기 위한 일이기도 하지만 과거라는 시험제도를 통해 전국의 학문을 통일화하는 작업이고 이것은 사상을 규격화하는 일이다. 여기에서 과거 시험에 사용되었던 교과서는 매우 중요하다. 교과서는 국가 정신의 기준이 된다. 과거를 위해 어린 아이들로부터 스승에 이르기까지 동일한 교과서에 매달리기 때문에 자연히 생각이 일치될 수밖에 없다. 그래서 한나라 때 이르러 사서삼경을 과거 시험 교과서로 확정했고, 우리나라도 그들의 기준을 따랐다.

2 외래 사상

사상은 교류하기 마련이다. 내부에서 스스로 존재하고 있는 사상이 있다고 해도 외부에서 들어온 사상과 늘 마찰이 있기 마련이다. 어느 집단에서도 새로운 세력은 새로운 사상을 기초로 하여 혁명을 꿈꾼다. 기존의 사상을 낡고 부패했다고 규정하려면 새로운 사상을 도입할 수밖에 없다. 따라서 외래 사상을 부득불 수용한다. 그러나 대부분 원래 지니고 있던 사상과 융화되어 발전한다.

02강 '다움'의 미학

 '~답다'라는 말이 매력적으로 들린다. 인간이 자신의 '다움'을 지켜 나간다면 사회는 매우 아름다울 것이다. 인간이 인간다우려면 어떻게 해야 하는지 ㉮, ㉯의 예문을 읽고 자신의 생각을 정리해 서술하시오.

㉮ 민수 형은 그렇게 말하면서 내게 편지를 건네주었다. 내가 편지를 다 읽자 형이 말했다.

"여기 내려와서 아저씨한테 부모는 부모답고, 남편은 남편답고, 아내는 아내답고, 자식은 자식답게 사는 것이 천리라고 배웠어. 그런데 엄마는 부모의 역할과 아내의 역할을 다하지 않으려 하는 것 같아 무척 섭섭하다."

민수 형은 곧바로 편지를 썼다. 마음이 답답해서 그렇게 하지 않으면 견딜 수 없다는 듯이.

㉯ 아저씨는 늘 이렇게 말씀하셨다.

"사람이 사람다운 것은 인의예지(仁義禮智)를 갖고 있기 때문이다. 물론 그것이 천리이기 때문에 다른 동식물에게도 전혀 없다고 할 수는 없다. 하지만 사람은 다른 동물들보다 훨씬 더 머리가 발달한 존재이기 때문에 그것을 풍부하게 드러낼 수 있는 것이다."

나와 민수 형이 그 말이 정확히 무슨 말인지 모르겠다고 하자 아저씨가 말씀하
셨다.

"그건 너희들이 풀어야 할 숙제다. 몸으로 경험해서 깨달아야 한다는 말이다."

– 《주희가 들려주는 성리학 이야기》 중에서

생각 쓰기

주요 개념 및 배경 지식

1 인의예지

인의예지(仁義禮智)는 성리학의 기본 개념으로, 인간 본성의 기초를 이루고 있는 요소를 지칭한다. 성리학에서 말하는 인의예지는 현재의 도덕규범으로 모든 인간에게 내재된 선험적(대상을 경험하지 않아도 그 이전에 그 대상에 대한 인식이 가능하다고 보는 태도)이고 보편적인 규범이라고 한다.

주희는 다음과 같이 말한다. "인의예지(仁義禮智)는 성(성질)이요, 측은(惻隱)·수오(羞惡)·사양(辭讓)·시비(是非)는 정(심정)이다. 인(仁)으로써 사랑하고, 의(義)로써 미워하고, 예(禮)로써 사양하고, 지(智)로써 아는 것은 마음이다. 성은 마음의 이치요, 정은 성의 움직임이며, 마음은 성정을 관리하는 것이다."

2 실천

인간의 활동을 통해 자신을 비롯한 자연과 사회를 변화시켜 나가는 과정을 일컫는 말이다. 아리스토텔레스는 이론의 목적은 진리이고 실천의 목적은 올바른 행위라고 정의한다. 존 로크는 실천은 유용하고 좋은 일을 성취하기 위해 힘과 행동을 올바르게 사용하는 능력이라고 한다.

민수 형이 말했다.

"부모가 자식을 사랑하고 자식이 부모에게 효도하는 것이 천리 가운데 하나라는 뜻인 것 같은데요."

"그렇다. 잘 보았다. 모든 살아 있는 존재를 사랑하는 것이 천리이긴 하지만, 자기 자식이나 부모를 먼저 사랑하는 것이 중요하다. 자기 자식이나 부모를 버려두고 남을 사랑할 수는 없지 않느냐?"

"그러니까, 천리를 실천하는 데도 순서가 있다는 말씀이시지요? 제가 고사리를 걱정하는 것보다 동생을 먼저 생각해야 하고, 또 남의 부모를 섬기기 전에 나의 아버지와 어머니께 효도를 해야 한다, 이 말씀이시지요?"

아저씨는 고개를 끄덕이며 말했다.

"하하하, 많이 컸구나, 우리 민수. 네가 배운 것이 진정한 배움이다. 학교의 교과서에서 배우는 것도 중요하지만 인간의 됨됨이가 되는 이런 공부가 무엇보다 중요한 것이다."

– 《주희가 들려주는 성리학 이야기》 중에서

생각 쓰기

공부

　동양에서의 공부란 몸의 단련이다. 여기서 뇌의 단련이란 책을 통한 학습만을 의미하지 않는다. 운동을 통한 단련도 결국은 몸을 단련시킨다는 뜻이다. 특히 주자학에서 말하는 공부는 욕(欲: 욕구, 욕망)의 제어와 관련이 있다. 욕망이란 것은 몸의 관성이다. 여기서 관성이란 것은 기본적으로 무엇인가를 하고자 하는 것으로 감성에서 나온 것이다. 이성은 감성을 지배하기가 매우 어렵다.

　따라서 공부란 바로 몸의 느낌을 제어하는 훈련이다. 스스로 공부한다는 것은 책이나 생각을 통해 이성을 단련하는 것뿐만 아니라 몸의 단련을 통해 욕망을 제어하는 훈련이다. 결국 공부란 인격적인 수양의 과정이다.

변화와 불변의 이중주

 세상에는 모순이 공존하는 경우를 가끔 본다. 서로 상대적인 것이 동시에 작용하는 현상도 본다. 동양에서는 '변화하면서 변화하지 않는 것'이란 알 수 없는 개념을 즐겨 사용하였다. 다음 글들을 통해 '변화하면서 변화하지 않는 것'의 의미에 대해 설명하시오.

⑦ "뭐? 주자의 학문에서 따왔다고? 야, 태극기하고 주자의 학문이 무슨 상관이야? 정말 웃긴다."

태극이는 얼굴을 붉혔지만 침착하게 말했다.

"주자의 학문에 태극의 이론이 있어. 태극기의 주변에 있는 막대 모양의 문양 있지? 그건 바로 《주역》이라는 책에 나오는 '괘'라는 거야. 후세에 태극기를 만든 사람이 태극 이론의 심오한 뜻을 담아 태극기를 만든 거야."

"그럼 지금 우리가 사용하는 태극기 분양을 주자가 만들었다는 말이냐?"

"그렇지는 않아. 다만 태극의 이론이 그렇다는 거지. 태극기의 문양은 주자가 태어나기 전 우리나라 통일신라 때에도 있었어."

④ 무릇 하늘과 땅 사이에는 움직임과 고요함, 이 두 가지 성질이 끊임없이 순환

한다는 사실만이 존재한다. 이것을 역(易)이라고 한다. 움직임과 고요함에는 그 운동을 가능하게 하는 까닭이 있다. 이것이 바로 태극이다.

– 주희, 《주자대전》 참고

생각 쓰기

1 태극기

태극기는 흰색 바탕에 기연 중앙에는 적색과 청색의 태극이 도안되어 있고, 사방 모서리의 대각선상에는 건(乾)·곤(坤)·이(離)·감(坎)의 사괘가 검은색으로 그려져 있다. 태극은 우주 자연의 궁극적인 생성 원리를 상징하며, 빨간색은 존귀와 양(陽)을 의미하고, 파란색은 희망과 음(陰)을 의미하는 창조적인 우주관을 담고 있다. 사괘의 건은 천(天)·춘(春)·동(東)·인(仁), 곤은 지(地)·하(夏)·서(西)·의(義), 이는 일(日)·추(秋)·남(南)·예(禮), 감은 월(月)·동(冬)·북(北)·지(智)를 뜻한다.

2 주역

《역경(易經)》이라고도 한다. 〈경(經)〉, 〈전(傳)〉의 두 부분을 포함하며 대략 24,000자이다. 주(周)의 문왕이 지었다고 전해진다. 괘(卦), 효(爻)의 2가지 부호를 중첩하여 이루어진 64괘 384효, 괘사(卦辭), 효사(爻辭)로 구성되어 있는데, 괘의 모습에 따라 길흉화복을 점쳤다. 주나라 사람이 간단하게 8괘로 점을 치는 책이었다고 하여 일반적으로 《주역》이라고 한다. 정이(程蓬)의 주석서 《역전(易傳)》은 경전의 해석을 통해 철학적인 관점을 나타내고 있을 뿐만 아니라 세계관, 윤리 학설 및 풍부하고 소박한 변증법을 담고 있어, 중국 철학사에서 중요한 위치를 차지하고 있다.

3 괘

　역(易)의 특별한 점은 괘라는 상징적 부호를 중심으로 구성된 데에 있다. 괘는 천지인(天地人) 3재(三才)의 원리에 근거하여 그어졌다고 한다. 하늘, 땅, 물, 불, 천둥,연못, 바람, 산 등을 상징하는 부호 체계로 이루어진 팔괘는 천지 만물을 근거로 만들어졌다고 한다. 괘를 구성하는 근원적 요소는 음과 양(-)이다. 그래서 주희(朱熹)도 "역은 음양일 따름이다(易者陰陽而已)"라고 말했다.

case 2 역(易)이란 무엇인가? 전통적으로 역에는 세 가지 특징이 있다고 한다. 다음 제시문을 통해 역의 특징에 대해 서술하시오.

전통적으로 역(易)에는 세 가지 뜻이 있다고 했다. 역위(易緯)의 건착도(乾鑿度)에 역삼의(易三義)이란 기록이 있는데 "역간일야(易簡一也) 변역이야(變易二也) 불역삼야(不易三也)"라고 표현되어 있다.

이간(易簡)이란 역의 이치가 매우 쉽고 간편하다는 것으로 역의 기본 원리라고 할 수 있다.

변역(變易)이란 역의 특징으로, 우주 만물은 자신도 모르는 사이에 변해 가고 있는 것이며, 어느 것은 천천히 그리고 어느 것은 빠르게 계속 변화한다는 것을 의미한다.

불역(不易)이란 우주의 발전적이고 안정적인 규율을 말하는 것으로 하늘은 하늘로서, 땅은 땅으로서, 남자는 남자로서, 여자는 여자로서 자신의 역할을 다하는 것이 안정적임을 의미한다.

04 강   인간의 성품

case 1 주희는 인간의 본성에 관심을 두고, '본래 성품'과 '기질 성품'이란 의미를 만들었다. 이 두 개념이 무엇이며 그 차이는 어떤 것인지 서술하시오.

다음날 아침, 우리는 아저씨께 인간의 '본래 성품'과 '기질의 성품'에 대해 배웠다. 인간의 성품은 원래 천리로서 태어날 때부터 갖고 태어난다고 했다.

아저씨가 민수 형에게 물었다.

"인간이 하늘로부터 받은 성품에는 어떤 것들이 있다고 했지?"

"예, 인의예지 등이 있다고 했습니다."

"그래. 인의예지와 같은 것이 인간이 타고난 '본래 성품'이다. 순수한 천리라고 말할 수 있지."

민수 형이 물었다.

"그렇다면 아저씨, 사람들은 왜 그런 인의예지를 그대로 발휘하지 못하나요?"

"좋은 질문이다. 기질이 맑고 깨끗한 사람은 발휘할 수 있지만 기질이 혼탁한 사람은 그렇게 하지 못하지. 이렇게 타고난 순수한 성품이 기질에 가려져서 잘 발휘가 안 되는 것을 '기질의 성품'이라고 한다."

– 《주희가 들려주는 성리학 이야기》 중에서

생각 쓰기

1 인간의 본성

'사람이 본래부터 지니고 있는 심성' 이라는 뜻으로, 지극히 착하고 사리사욕이 조금도 없는 천부자연의 심성을 말하며, 성리학의 심성론에서 유래되었다. 이것은 천명지성(天命之性) 또는 천지지성(天地之性)이라고도 한다.

성리학에서는 사람의 성(性)을 본연지성(本然之性)과 기질지성(氣質之性)으로 나눈다. 주자에 따르면, 본연지성은 모든 사람이 본디부터 가지고 있는 착하고 평등한 심성이다. 기질지성은 타고난 기질과 성품을 가리키는데, 타고난 기질의 청탁(淸濁: 맑고 흐림)과 편색(偏塞: 편벽되고 막힘)에 따라 선하게도 나타나고 악하게도 나타난다.

2 심성론

사람의 심성(心性) 즉, 마음을 철학적으로 설명하는 이론이다. 《맹자》의 〈진심(盡心)〉장에서 처음 나타나 심성을 마음씨·천성·성품 따위로 쓰고 있으나 송(宋)나라의 정주학(程朱學: 성리학) 이후 전문적인 학술 용어로 쓰기 시작하였다. 일원론(一元論)이냐 이원론(二元論)이냐 하는 철학적 입장에 따라 심성(心性)

을 하나의 개념으로 보느냐 아니면 심과 성을 두 개의 개념으로 보느냐 하는 차이가 있다. 성리학을 집대성했다는 주희(朱熹)는 심성론을 이기이원론(理氣 二元論)에 입각하여 체계적으로 완성하였다.

민수 형이 또 물었다.

"그럼 사람은 이 기질의 영향에서 벗어날 수 없나요?"

아저씨가 고개를 끄덕이며 또박또박 말씀하셨다.

"음, 사람은 말이다. 육체가 있기 때문에 기질의 영향에서 완전히 벗어나기가 쉽지 않다. 그래서 욕심을 갖는 것이고. 그런데 욕심을 갖는 것 자체가 나쁜 것은 아니란다. 배고프면 먹고 추우면 옷을 입어야 하듯이 정당한 욕심은 당연히 있어야 한다. 하지만 욕심이 지나치면 그것이 자신의 순수한 성품을 가려서 착하지 않은 행동을 하게 되지."

"그럼 어떻게 하면 순수한 성품대로 행동할 수 있을까요?"

"설명하기 좀 어렵지만 그건 이렇게 말할 수 있다. 우선 그런 마음에 있는 성품을 깨달아야 하고, 또 조용히 혼자 있을 때에 이 성품을 마음에 잘 보존해야 한다. 그리고 행동한 후에는 반드시 되돌아보아 잘못이 없는지 살펴보아야 한다. 이때 중요한 것은 항상 마음이 깨어 있어야 한다는 것이다. 조금이라도 방심하면 안 되지."

"어렵습니다. 저는 아직 거기까지는 도달하지 못했습니다."

"그래. 이건 하루아침에 이루어지는 것은 아니다. 차츰 노력해서 많은 시간이 지나면 효과를 볼 수 있을 것이다."

– 《주희가 들려주는 성리학 이야기》 중에서

생각 쓰기

1 욕심

일반적으로 무엇인가를 탐내고 갖고 싶어 하는 마음으로 사용된다. 그러다 그 의미는 확대되어 무언가 이루고자 하는 마음을 가리키는 말이 되었고, 동양 철학에서는 인간의 본성을 거스르는 그릇된 마음 요소를 가리키는 말이 되었다. 인간이 짐승과 다른 점이 있다면 이러한 욕심을 제어할 수 있기 때문이라고 주자는 주장한다.

2 방심

어떤 대상에 대해 주의를 하지 않고 놓쳐 버린 상태를 말한다. 다른 사물이 눈을 이끌어 일어나는 경우도 있지만, 마음이 대상에 집중하지 않기 때문에 일어나기도 한다. 집중하는 것을 잊어버리는 태만함에서 비롯되기도 한다.

3 수양

성현의 가르침을 믿고 받아들이고, 배우고 익히며 자기의 덕을 닦아서 성현의 경지에 도달하는 과정과 방법을 말한다. 수양론이 체계화된 것은 송대의 성리학이다. 주자는 《근사록》에서 '거경궁리(居敬窮理)'("천리를 보존하고 인욕을 제거한다")에 기초하여 인욕(사람의 욕심), 물욕(재물을 탐하는 욕심)을 통해 드러나는 현실적인 악의 상태로부터 본래의 완전함에 되돌아간다는 것을 수양이라고 한다.

이황은 《천명도설(天命圖說)》에서 거경궁리를 핵심으로 하여 인간의 본성을 본연지성과 기질지성으로 구분하고, 모든 사람은 본연지성을 가진다고 했다. 그러나 그는 현실적으로는 기질의 맑고 흐림에 따라 사람마다 차이가 생겨 상지(上智: 가장 뛰어난 지혜, 혹은 그러한 지혜를 가진 사람), 중인(中人), 하우(下愚)가 생긴다고 했다. 여기서 중인, 하우를 기질의 변화에 의해 상지에 이르도록 하는 것이 그 수양론의 요점이었다. 그는 거경을 도학의 요점이라 했으며, 성현의 모든 가르침이 '경(敬)' 한 글자로 요약된다고 했다.

한편, 이이(李珥)는 《격몽요결(擊蒙要訣)》, 《학교모범(學校模範)》에서 그의 수양론을 전개하고 있다. 그는 안으로는 존심궁리(存心窮理)를, 밖으로는 수기치지(修己致知)를 주장했다. 그는 《답성호원서(答成浩原書)》에서 기를 본연의 기와 본연이 아닌 기로 구분하고, 수양을 통해 각 개인이 자신의 기를 다스려 본연의 기, 즉 호연지기(浩然之氣)를 회복해야 한다고 주장했다.

아비투어 철학 논술

예시 답안

case 1 동양에서는 위대한 인물 뒤에는 자(子)를 붙인다. 성 뒤에 자(子)를 붙여 그 인물을 높이고 있는 것이다. 공자, 맹자, 노자, 장자 등의 경우처럼 말이다. 아무나 자(子)를 붙일 수는 없고 성인으로 추앙되는 이에 한하여 그렇게 한다.

우리나라의 경우 자(子)를 붙였던 분은 우암 송시열 선생이 유일하다. 그를 제자들이 송자라고 불렀지만 요즘 그렇게 부르지 않고 일반적으로 송시열 선생이라고 부른다.

case 2 역사적으로 우리나라의 사상을 들여다보면 고유의 사상이 별로 없는 것 같아 보인다. 유교, 불교, 기독교 등의 종교를 통해 들어온 외국의 사상은 우리나라에 뿌리를 내리고 그 영역을 확대해 왔다.

주희로부터 시작된 주자학 역시 중국의 신유학이다. 현대를 살아가는 우리들에게 이러한 것이 무슨 의미가 있을까? 이러한 것을 우리가 검토하고 공부할 이유가 과연 있을까?

주자학의 경우 우리가 모르는 사이에 삶의 깊은 곳까지 영향을 주고 있다. 우리의 생각 깊은 곳에 이미 들어와 있어 판단의 근거가 되기도 한다.

따라서 우리가 주자학을 비롯한 외국에서 들어온 사상을 공부하는 것은 단순히 외래 사상을 배우고 익히는 것이 아니다. 이것은 우리의 모습을 연구하는 것이고 우리의 현재를 들여다보는 것이다.

case 1 인간은 하늘이 정한 본래의 모습이 있다. 그런데 여러 가지 이유로 본래의 모습을 잃어버리거나 일그러뜨리고 있다. 외부 환경 때문일 수도 있지만 스스로 자신의 모습을 유지하려는 노력이 부족해서 그런 경우도 있다.

자신의 본래 모습을 회복하라는 것이 유교의 가르침이다. 자신의 모습을 지키고 살아가는 이들을 향해 우리는 '~다운 사람'이라고 부른다. 근본적으로 사람은 사람다워야 한다. 사람이 그 '다움'을 지키지 못해 짐승 같다거나 짐승만도 못하다는 말을 듣는다면 대단히 불행한 일이다.

'다움'을 회복하고 유지하기 위해서는 머리로만 깨달아서는 안 된다. 경험으로 습득하고 실천하고 매일 훈련하여 자신의 삶에 뿌리내리게 해야 한다. 그래야 다른 사람이 그를 향해 '사람답다'라는 말을 주저 없이 하게 된다.

case 2 세상에는 공부해야 할 것이 많이 있다. 직·간접적으로 우리는 배움 속에서 살아가고 있다. 학자들만 배움이 필요한 것이 아니다. 단순한 일을 반복적으로 하는 이들에게도 기술을 습득해 나가는 배움의 과정이 있다.

어떤 이들은 무조건 많은 지식을 습득하려고 한다. 또는 반대로 배움을 거부하려는 이들도 있다. 우리 삶에는 반드시 배워야 할 중요한 것들이 있다. 많은 지식을 가졌어도 중요한 것을 배우지 못했으면 아무 소용이 없다. 배움이 모자라도 중요한 것을 잘 알고 있다면 어떤 학자도 부럽지 않을 수 있다.

중요한 배움이란 인간 됨됨이가 되는 것이다. 인간의 됨됨이를 공부하는 것이 무엇보다 앞서야 하는 중요한 일이다.

case **1** 주자 가르침의 핵심에는 태극 이론이 자리하고 있다. 태극은 음과 양의 두 근원이 있다는 것에서부터 출발한다. 그러나 이 두 근원은 가만히 있기만 하거나 상대와 대립하고 있지 않다. 서서히 움직여 서로의 꼬리를 물게 되는데 음이 기울면 양이 나타나기 시작하고 양이 기울면 음이 드러나기 시작한다. 이러한 움직임은 4개, 8개, 16개로 분리되면서 다양하게 변화하기 시작한다. 이것을 '괘'라고 부른다.

정지해 있는 듯 보이지만 움직임을 품고 있고, 분주하게 움직이고 있는 것 같지만 일정한 원칙에 의해 움직이는 것, 이것을 역(易)이라고 부른다. 상대적 개념을 품고 있는 것이 태극과 주역의 중요 사상이며 동양철학의 핵심이다.

case **2** 역은 대단히 방대한 사상이다. 그러나 전통적으로 역을 세 가지로 정리해 왔다.

첫째는 이간(易簡)이다. 한마디로 역은 매우 쉽고 간편하다는 뜻이다. 세상을 설명하는 데 반드시 복잡해야 하는 것만은 아니다. 오히려 복잡한 세상의 문제를 단순화시켰다는 것이 역의 장점이다.

둘째로 변역(變易)이다. 모든 만물은 변하고 있다는 것을 말한다. 지금 정지하고 있는 것들조차 변화를 준비하고 있어 정지도 변화의 일부로 본다. 그렇다고 마음대로 변화하고 움직이는 것이 아니라 어떤 일정한 패턴이 있는데 그것 안에서 변화가 일어나고 있다는 의미이다.

셋째로 불역(不易)이다. 모든 것이 빠르게 변화하고 있어 불규칙한 것 같지만 그렇지 않다는 의미이다. 하늘이 정해 준 일정한 규칙에 따라 변화하고 있다고 한다. 규칙 속에서의 무수한 변화, 이것이 역의 핵심이다.

심화학습 04강 인간의 성품

case 1 인간은 하늘이 부여한 본성을 지니고 태어난다. 이런 본성을 다시 세분하면 본래 성품과 기질 성품이 있다. 본래 성품이란 하늘이 주어진 본래 순수한 성품을 의미한다. 여기에는 인의예지 등의 귀한 것들이 들어 있다. 기질 성품은 욕망과 긴밀한 관련이 있는데 다양한 변화를 추구하고 감정을 느끼고 표현하는 성품이다.

기질 성품은 본래 성품을 방해하여 혼탁하게 만들기 쉽다. 따라서 기질 성품을 다스려 발휘하지 못하게 하고 순수한 본래 성품이 드러나게 한다면 우리는 성인이 될 수 있다.

인간의 욕망을 완전히 떨쳐 버린다는 것은 불가능한 일인지도 모른다. 그러나 최대한 노력하면 기질에 가려진 순수한 성품을 드러낼 수는 있다. 그러기 위해서 먼저 성품이 무엇인가 하는 것을 잘 들여다보아야 한다. 그리고 그 성품을 잘 보존해야 한다. 여기서 보존이란 의미는 가만히 두는 것이 아니라 잘 살펴보고 때마다 돌아보는 것을 말한다. 기질은 워낙 민첩하기 때문에 조금의 방심만 있어도 순수한 성품을 가려 버린다.

혼자 있어도 순간순간 자신을 돌아보고 늘 마음이 깨어 있도록 수양한다면 기질은 점차 사그라지고 순수한 본래의 성품이 드러나게 된다.

철학자가 들려주는 철학이야기 030

순자가 들려주는 마음 닦는 이야기

저자_ 유성선
현재 강원대학교 철학과 교수로 재직 중이다.

순자의 사상

1. 순자의 성악설
2. 순자의 천론
3. 순자의 정명론

순자의 사상

1 순자의 성악설(性惡說)

순자 사상의 핵심은 바로 성악설이다. 순자는 맹자와 달리 인간의 본성을 선천적으로 악하다고 보았다. 맹자는 선의 기준을 주관적인 인간 내면에서 찾은데 비해, 순자는 객관적인 사회 상황에서 찾았다. 순자는 인간의 본성이 태어나면서부터 이로움을 좋아하여 그 본성대로 따라가기 때문에 다툼이 생기고 사양하는 일이 없어진다고 했다. 그러므로 인간의 본성은 악하며, 외부의 가르침으로 교화되어야 한다고 하였다.

2 순자의 천론(天論)

순자 이전의 사상가들은 모든 생각의 근원을 하늘에서 찾았다. 이런 생각은 지배 권력이 자신들의 통치를 합리화하기 위한 이데올로기로 쓰였고 대다수 민중들은 그것을 운명으로 받아들였다.

그러나 순자는 인간과 하늘의 관계를 끊어 버렸다. 도덕적 기준은 형이상학적인 하늘의 뜻(天理)이 아니라 인간이 이룩한 문명의 산물이라고 하였다. 하늘에서 비가 오고 바람 부는 것은 자연현상일 뿐이며, 인간 행위와는 아무런 관련이 없다고 했다. 그러므로 인간의 불행은 인간 자신의 노력에 달려 있다고 보았다. 이와 같은 순자의 생각은 인간의 지위와 실천을 극대화시킨 인문 정신의 완성이었다.

❸ 순자의 정명론(正名論)

공자, 맹자는 명분을 바로 세우는 것이 곧 일이 실제로 이루어진다는 것을 의미한다고 하였다. 즉 명목과 본분이 일치함으로써 국법이 성립하게 된다고 하였다.

한편 순자는 인간이 욕망에 따라 다투는 데서 사회적 혼란이 발생한다는 사실을 현실 사회의 근본 문제로 보았다. 그래서 순자는 인간은 구별 능력이 있으므로 예법(형식적인 법이나 윤리, 도덕 규범)으로써 분수(사물과 사물 사이의 귀천, 같음과 다름의 구별 등)를 확립하여 인간의 욕망을 다스려 사회 문제를 해결하여야 한다고 하였다.

생각 쓰기

01_강 나라를 잘 다스리기 위한 순자의 정치사상

㉮ 무릇 군주라 함은 특히 새로운 군주의 경우, 나라를 유지하기 위해서는 신의도 저버릴 줄 알아야 하며, 자비심을 버리고 인간미를 잃고 반종교적인 행동도 때때로 취하지 않을 수가 없다는 점을 생각해 두어야 한다. 즉, 대중에게 선한 인간으로만 통하려고 생각한다면 이는 잘못된 일이다.

따라서 군주는 운명의 변화, 사태의 변화에 따라 자유롭게 행동할 줄 알아야 한다. 또 선의 길에서도 멀어지지 말아야 하며, 경우에 따라서는 악의 길에도 서슴지 않고 발을 들여놓을 줄 알아야 한다.

– 마키아벨리, 《군주론》 참고

㉯ 순자가 말하는 예는 인간의 질서 있는 생활을 외적으로 규제하는 도덕규범을 의미한다. 사람에게 '예'가 없으면 생존할 수 없고, 도모하는 일에 '예'가 없으면 성공할 수 없으며, 국가에 '예'가 없으면 사회의 안정을 이룩할 수 없다. 따라서

순자는 인의의 도덕이 실현되려면, 외적인 행동을 규제하는 '예'가 필요하다고 주장하였다. 이것이 바로 인간의 내면에 들어 있는 인의의 도덕을 바깥으로 확충할 것을 강조한 맹자의 입장과 다른 점이라 하겠다.

– 고등학교 교과서 《윤리와 사상》 참고

생각 쓰기

마키아벨리의 《군주론》

　마키아벨리는 그의 저서 《군주론》을 통해 군주가 갖추어야 할 덕목이나 능력 등에 대해서 말하고 있다. 나아가 역사가 사건의 변화무쌍함을 넘어서 안정된 지식 체계를 제공할 수 있다면, 정치 상황의 불확실성을 감소시킬 수 있다는 희망도 이 책을 통해 전하고 있다.

　그의 정치사상은 대표적인 현실주의 사상으로 볼 수 있다. 그는 군주에게 권력의 획득, 유지, 확대에 필요한 조언을 제시하고 있으며, 정치 현실에 대한 과학적이고 실증적인 접근의 필요성을 주장한다. 또한 그의 현실주의적인 사상은 영광과 권력을 추구하는 군주에게 단순히 종교적이거나 윤리적인 규범에 구애받지 않을 뿐만 아니라 욕망이나 격정에 사로잡히지 않고 냉정하고 계산적으로 행동할 것을 요구하고 있다. 그의 정치적 사상은 흔히들 근대 정치사상의 출발점으로 여겨지고 있다.

case **1** 오늘날 사회적으로 대두된 저출산, 고령화 문제가 매우 심각한 상황에 이르고 있다. 다음 글을 읽고 순자의 예치론을 바탕으로 이러한 문제를 해결할 수 있는 방안에 대해 서술하시오.

㉮ 질서를 지키기 위한 행위규범으로서의 예는 그 자체가 인간의 의지적 노력을 구체화시킨 것일 뿐 인간의 본질적인 특성은 아니다. 따라서 예라는 것도 타율적인 규제일 수밖에 없다. 순자는 예의 구체적인 제도를 성인이 만드는 것이라고 하였다.

순자는 사람들이 힘으로 따지면 소를 따를 수 없고 달리기로는 말을 이길 수 없으면서도 사람이 말이나 소를 부리며 살 수 있는 까닭은 사회조직을 이루고 있기 때문이라고 했다. 하지만 사람의 욕심은 끝이 없고 이기적이기 때문에 여전히 화합할 수 없고 이를 통제하는 수단이 필요하기 마련이다.

㉯ 지난해 급속히 떠오른 저출산, 고령화 문제에 대한 종합적 대처가 미흡했다는 지적에 따라 범정부적인 대책을 마련해 추진키로 했다. 고령화 사회의 문제에 대응할 수 있는 기반을 구축하기 위해 '고령화 및 인구 대책 기본법'을 제정하고

저출산 고령화 사회 기본 계획을 수립하는 한편, 대통령 직속의 고령사회위원회를 설치할 계획 중에 있다.

또한 치매 및 중풍 노인을 위한 요양 시설을 지속적으로 확대하고 노인요양보장제도를 2007년 시행 목표로 정하여 올해 7월부터 시범 사업을 실시한다고 한다. 이를 위해 정부는 노인요양보장법 제정을 추진하고 있다.

범정부적 출산 지원 정책도 강화되고 있는 추세이다. 자녀 양육에 따른 부담을 사회화하고 두 자녀 이상의 가정에 적극적으로 인센티브를 부여하는 등 다양한 종합 대책을 마련하고 있다.

1 노인요양보장제도

고령화 사회로 급속하게 진전함에 따라 요양 및 보호가 필요한 노인의 생활 자립을 지원함으로써 가족의 부담을 줄여 주고, 늘어나는 노인 요양비와 의료비 문제에 적절하게 대처하고자 도입되는 공적 제도이다. 앞으로도 요양 및 보호가 필요한 노인은 급격하게 늘어나고 그 비용도 크게 증가할 것으로 예상된다. 또한 핵가족화와 여성의 사회 참여 증가 등으로 가정 내에서 이들을 요양 및 보호하는 데에 한계가 있으므로, 이에 대해 공적 제도로써 해결하자는 것이다. 이를 제도적으로 뒷받침하기 위하여 노인요양보장법의 제정도 함께 추진되고 있다.

2 예론

순자가 질서 잡힌 사회를 위해 인간의 의지적인 행위를 제도화하도록 주장한 것이 바로 예론이다. 《순자》의 〈부국〉편을 보면 인간은 홀로 살 수 없기 때문에 사회 조직을 이루고 있다고 한다. 그런데 사람들의 욕심은 끝이 없고 재물은 부족하기 때문에 다툼이 생기기 마련이다. 그러므로 다투지 않고 화합할

수 있도록 통제하는 수단이 바로 '예' 라는 것이다. 순자는 사람에게 예가 없다
면 짐승과 다를 것이 없다고 했다. 순자는 인간의 행위를 공리주의적 입장에서
규제하려고 했던 학자 중 한 사람이다.

case **1** 진시황은 순자의 제자 이사의 말을 듣고 언론을 막고 학문을 탄압하는 분서갱유를 일으키게 된다. 다음 제시문을 읽고, 옛 학자의 고전이 우리에게 중요한 이유에 대해 분서갱유를 예로 들어 그 가치를 서술하시오.

⑦ 진시황제의 정치 형태는 법가 사상에 근거하여 중앙 집권화를 이루었다. 그러나 당시의 상황으로 보아 6국을 통일하기는 하였으나 체제적으로는 보다 점진적으로 통일을 이루어 가야 하는 처지에 있었던 것으로 보인다. 다시 말하면 사회 곳곳에는 여전히 반정부적이면서 많은 비판들이 도사리고 있었다. 특히 유가 사상가들이 많은 비판을 하고 있는 실정이었다.

사상적으로 보면 법가와 유가 사이에는 근원적인 모순점을 가지고 있었다. 이론상에 있어서 법가는 황제를 지상의 절대자로 인식하고 있었다. 그러나 유가는 이를 인정하지 않았다. 유가 사상은 법가와 법가에 의한 황제의 논리를 인정할 수 없다는 것이다.

역사에서 보면 분서갱유는 진시황제가 박사 70명을 초청하여 연회를 베풀던 그 자리에서 비롯되었다고 한다. 어떤 학자는 진시황제의 공덕을 찬양하기도 했지만 어떤 학자는 군현제의 실시가 은주시대 봉건제만 못하며, 군현제 실시에 있어서도 봉건제도와 똑같은 방법으로 시행되어야 한다고 비판을 가하기도 했다. 진시황제는 농업에 관계되는 서적과 관청에서 사용하는 서적을 제외한 모든 서적을 몰수하여 30일 이내에 소각시켜 버리도록 지시했다. 이 명령에 따르지 않는 자는 죄인으로 삼아 형벌을 가하고 만리장성의 건설 현장에 보내 버렸다. 유가의 주장을 선전하거나 법가 사상을 비판하는 자들은 가차 없이 생매장하고 사형에 처했는데, 이 사건이 바로 그 유명한 분서갱유 사건이다.

❹　출판인들은 고전을 시대가 지나도 소멸되지 않고 '살아남은 책'으로 높이 칭송하는 편이다. 상상력과 통찰력, 독창성에서 무수한 책들 사이에서 살아남아 시대를 넘어 새로운 상상력을 자극하기 때문에 더욱 위대하다는 것이다. '고전 한 권을 제대로 읽으면 그 고전을 인용하거나 응용한 수십 권, 아니 수백 권의 책을 한 번에 읽은 효과가 있다', '더 많은 정보를 갈구하는 인터넷 시대에 고전 읽기는 오히려 더 많은 정보와 통찰력에서 훨씬 더 효율적인 정보와 상상력의 원천이다' 라고 고전에 대한 아낌없는 찬사가 여전히 계속되고 있다. 그래서 학교에서 교편을 잡고 있는 선생님들은 학생들에게 늘 고전 읽기를 강조한다. 고전은 인류의 문화유산이자 선조가 우리에게 남긴 귀중한 선물이라 할 수 있다.

생각 쓰기

1 진시황

진시황은 기원전 259~210년에 중국의 진나라를 건설한 전제 군주이다. 중국 최초로 중앙 집권 국가를 만든 황제인 그는 중국에서 최초로 황제라는 칭호를 쓴 사람이기도 하다. 집권 당시 강력한 부국 정책을 추진한 진시황은 한, 위, 초, 연, 조, 제나라를 차례로 멸망시키는 것도 모자라 천하를 통일하는 업적을 세운다. 또 군현제를 실시, 문자와 도량형, 화폐를 통일하는가 하면 전국적으로 도로망을 건설하기도 했다. 게다가 사상의 통일을 위해 분서갱유를 단행하기도 했다.

2 봉건제도

봉건제도에서는 중앙에 왕이 있고 나머지는 제후국들로 이루어져 있으며 제후국에서 수확한 곡식의 매년 일정 부분을 중앙에 있는 왕에게 보내야 한다. 그 외의 자치적인 영역에 대해서는 왕의 간섭 없이 제후의 관할하에 이루어진다. 행정상의 문제를 처리하는 데 있어 독립성이 인정되기 때문에 사실상 국가가 여러 개의 봉건 제후국으로 나뉜 것이나 마찬가지이다.

3 가산제

가부장 사회에서 아버지가 아들에게 종속적으로 토지나 재산을 물려주는 것을 말한다. 부모가 자식에게 일정한 토지와 재산을 나눠 줌으로써 가문의 권력을 유지하기 위해 마련된 제도이다.

4 한비자

한비자는 법가 사상을 최종적으로 정리한 학자이다. 전국시대의 한나라의 귀족 출신으로 태어난 한비자는 처음에는 유가에 속하는 순자 밑에서 공부했으나 나중에는 순자를 떠나 독자적인 사상을 연구했다. 자신의 충고를 무시한 왕에 대한 반발심으로 다른 사람의 반론에 논박하는 글을 쓰기도 했다. 기원전 221년 통일 후 진시황제가 된 당시의 진왕 정은 한비자의 글을 읽고 한비자를 높게 평가하기도 했다. 그러나 왕이 그에게 높은 직위를 주려 하자 이사는 왕의 총애를 잃을까 두려워 한비자를 시기했다. 결국 이사는 한비자를 모함하여 그를 감옥에 투옥시키는가 하면 한비자를 속여 스스로 독약을 마시게 했다.

5 제자백가

제자백가는 춘추시대 말기부터 전국시대에 걸쳐 왕성한 활동을 벌였던 학자들을 부르는 이름으로 독창적인 사상을 지닌 많은 학자들이 배출된 것으로도 유명하다.

먼저 유가의 공자, 묵가의 묵적, 그리고 노자, 장자 등의 도가 등 제자백가의 시대라고 해도 과언이 아닐 정도로 당시 이들의 사상이 가지는 영향력은 실로 컸다. 그러나 춘추전국시대에 이르러 기존의 봉건적 사회 질서가 무너지면서 귀족들의 전유물이었던 학문 분야의 지식들이 차츰 일반 서민에게까지 확장되었다. 그리하여 이러한 사상의 자유와 지식의 확대로 인해, 자신의 능력에 따라 습득한 지식을 이용하여 신분 상승을 실현코자 하는 강력한 사회적 욕구가 분출될 수 있었다. 또한 전국시대 각국의 경쟁은 자연히 부국강병을 부추겼고, 그에 따라 실력 있는 학자를 우대하는 풍조가 강해졌다.

아비투어 철학 논술

예시 답안

case 1 고대 중국에서 인간의 본성에 관해 활발한 논의가 있었던 것은 어떻게 하면 인간을 잘 다스려 바람직한 나라를 만들 것인가 하는 문제와 직결되어 있다.

인간의 본성은 악이라고 생각하는 순자는 글 ㉯에서 인간의 외적인 행동을 규제하는 '예'가 필요하다고 말한다. 사람은 본성적으로 악하게 태어나므로 사회적 안정과 국가의 발전을 이루기 위해서는 외적인 강제가 필요하다는 것이다. 인간 행동을 규제하는 '예'가 있어야 궁극적으로 인의의 도덕이 실현될 수 있다.

글 ㉮에서 인간의 본성을 보는 관점은 글 ㉯와 큰 차이가 없다. 하지만 인간을 다스리는 방법에 있어서 글 ㉯에서 주장하는 것과는 구별된다. 글 ㉯가 외적인 강제로서 '예', 즉 도덕규범을 제시하는 데 반해 글 ㉮는 신의나 자비심을 버리고, 심지어 악의 길도 서슴지 않고 행할 것을 제안한다. 한마디로 권모술수를 권장하고 있다.

하지만 신의나 자비심이 없는 지도자는 올바른 정치를 할 수 없다. 글 ㉮에서 말하고 있는 지도자는 일시적으로 성공을 거둘 수 있을지 모르나 지속적으로 국민의 지지를 얻을 수 없다. 과거 우리나라에서 독재 정권이나 군사 정권은 불의를 일삼으며 국민을 억누르다 결국 국민의 심판을 받고 말았다. 외적인 강제가 필요할 경우, 글 ㉯에서 주장하고 있듯이 도덕규범에 근거해야 한다. 인간의 본성을 악으로 여겨 국민을 가르쳐야 할 대상으로 볼지라도 다스리는 방법은 정의롭고 합법적이어야 한다.

우리 사회는 법과 제도가 자리 잡고 있다. 우리 사회가 필요로 하는 지도자는 이러한 법과 제도가 잘 운영될 수 있도록 도덕적 양심에 따라 모범을 보이는 사람이다. 법과 제도가 아무리 잘 마련되어 있다고 할지라도 이를 지키지 않으면 소용이 없다. 또한 지도자가 먼저 모범을 보이지 않으면 국민은 뒤따를 수 없다.

주 제 탐 구 **02** 강 시대적 상황을 극복하기 위한 순자의 예치론

case 1 글 ㉯는 우리나라 정부에서 내놓은 복지 정책의 사례를 설명한 것이다. 날로 심해지는 저출산 현상과 그로 인해 빚어진 고령화 시대에 대비하여 이제 우리는 사회복지에도 신경 써야 할 시대에 도래했다. 그래서 구체적인 방안을 내놓고 여러 가지 혜택 사항을 추진하고 있지만 여전히 미흡하다고 볼 수 있다. 더 획기적인 노력이 필요한 시점에 놓여 있는 우리에게 필요한 조건은 바로 순자의 '예'가 아닐까 생각한다.

글 ㉮에서 순자는 사람의 이기심과 욕심을 다스리는 방법으로 예를 설명하고 있다. 인간은 본디 악하다는 성악설을 주장하는 순자이지만, 그러한 현실에 대처하기 위한 수단으로 '예'를 강조하고 있다. 지금 우리에게 직면한 문제를 해결하기 위해 기본적으로 갖추어야 할 덕목인 것이다. 질서 잡힌 사회를 위해 인간의 의지적인 행위를 제도화하도록 주장한 것이 바로 예론인데, 점점 사람들이 아이를 적게 낳고, 자기 개인만을 위해 생활한다면 세상은 점점 삭막해지고 공동체보다는 개인만을 중시하는 이기주의 집단으로 변할 가능성이 높다. 고령화 사회인 요즘, 나이가 많아 몸이 불편한 노인들, 장애를 겪고 있는 소외된 사람들의 편의를 위해 복지에 각별한 신경을 써야 한다. 순자가 강조하고 있는 '예' 사상은 나 한 사람을 위한 것이 아니라, 모든 사람들의 행복과 안정을 위해 꼭 필요한 덕목이다.

case 1 글 ㉮는 진시황의 분서갱유 사건의 요지와 당시의 시대적인 상황을 설명해 주고 있다. 분서갱유란 농사에 관계된 책과 실생활 책을 제외하고 모든 고전들이 불살라지고 수많은 유생들이 강제로 생매장된 끔찍한 역사적 사건이다. 황제에게 쓴 소리를 서슴지 않는 유생과 학자들을 막기 위한 수단으로 일어난 분서갱유는 무자비한 권력의 힘이 남용된 끔찍한 사건이었다. 유학을 멀리하고 강력한 법가 사상으로 통치한 진나라는 망하고 고전은 빛을 보지 못한 채 결국 문화의 퇴보를 가져오고야 말았다.

고전의 중요성과 인류 문화적 가치는 말로 다 표현할 수 없을 만큼 중요하다. 힘의 논리로 고전을 불태웠지만 고전의 가치와 진리는 결코 없어지지 않았다. 인간의 욕심과 이기심만 역사에 기록되었을 뿐이다.

글 ㉯는 고전을 시대를 초월한 보편적 가치라는 점에서 높이 평가하고 있다. 고전은 그 시대를 알고 미래의 세대에게 영감을 제공해 주는 보배와 같은 존재이다. 또 우리에게 보편적인 진리와 가치를 공유할 수 있는 지식의 매개물로 간주될 수도 있다.

편리한 인터넷 검색보다 고전 한 권의 가치가 더 크다는 것은 아무리 강조해도 지나친 말이 아니다. 그만큼 고전은 몇천 년의 역사를 대표하는 산 증인이라 할 수 있다.

논술
답안 쓰기

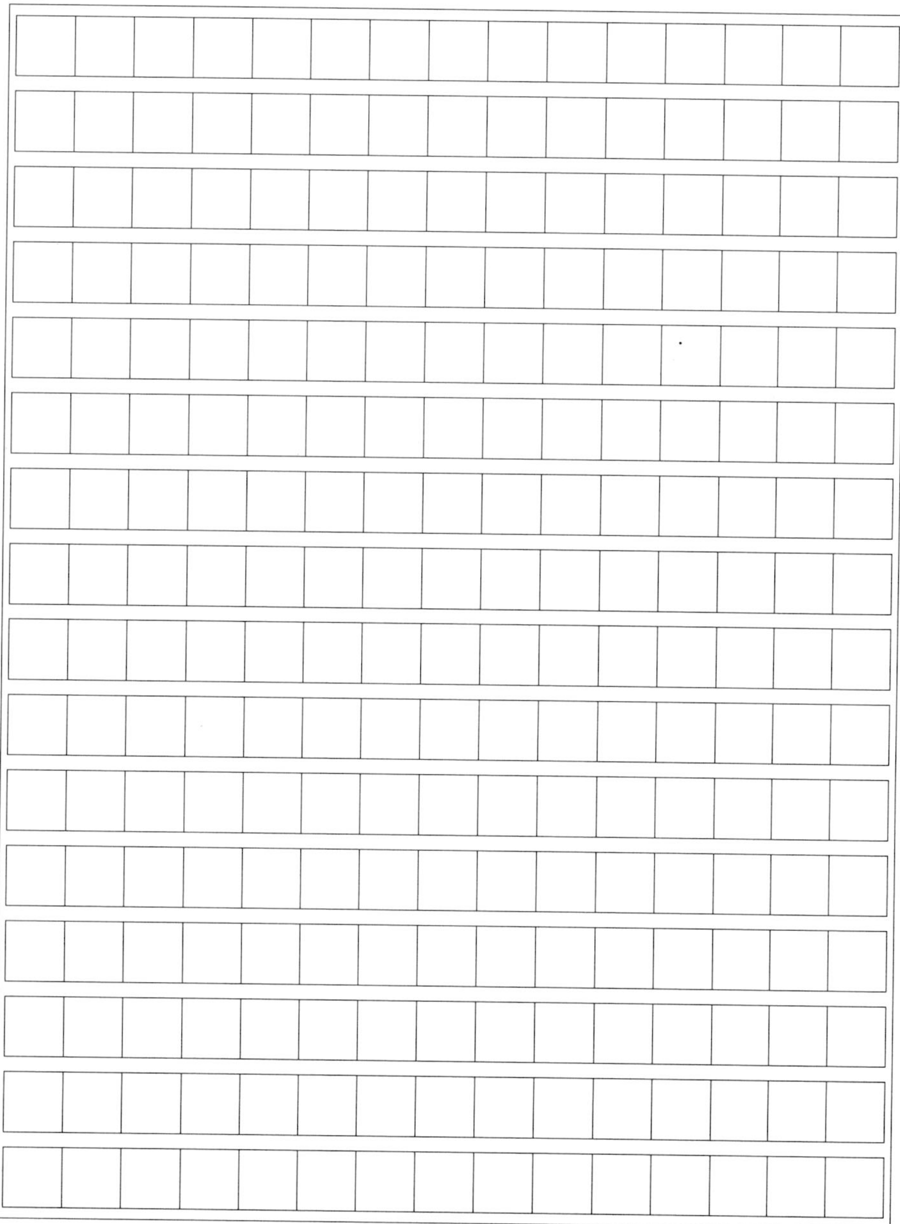

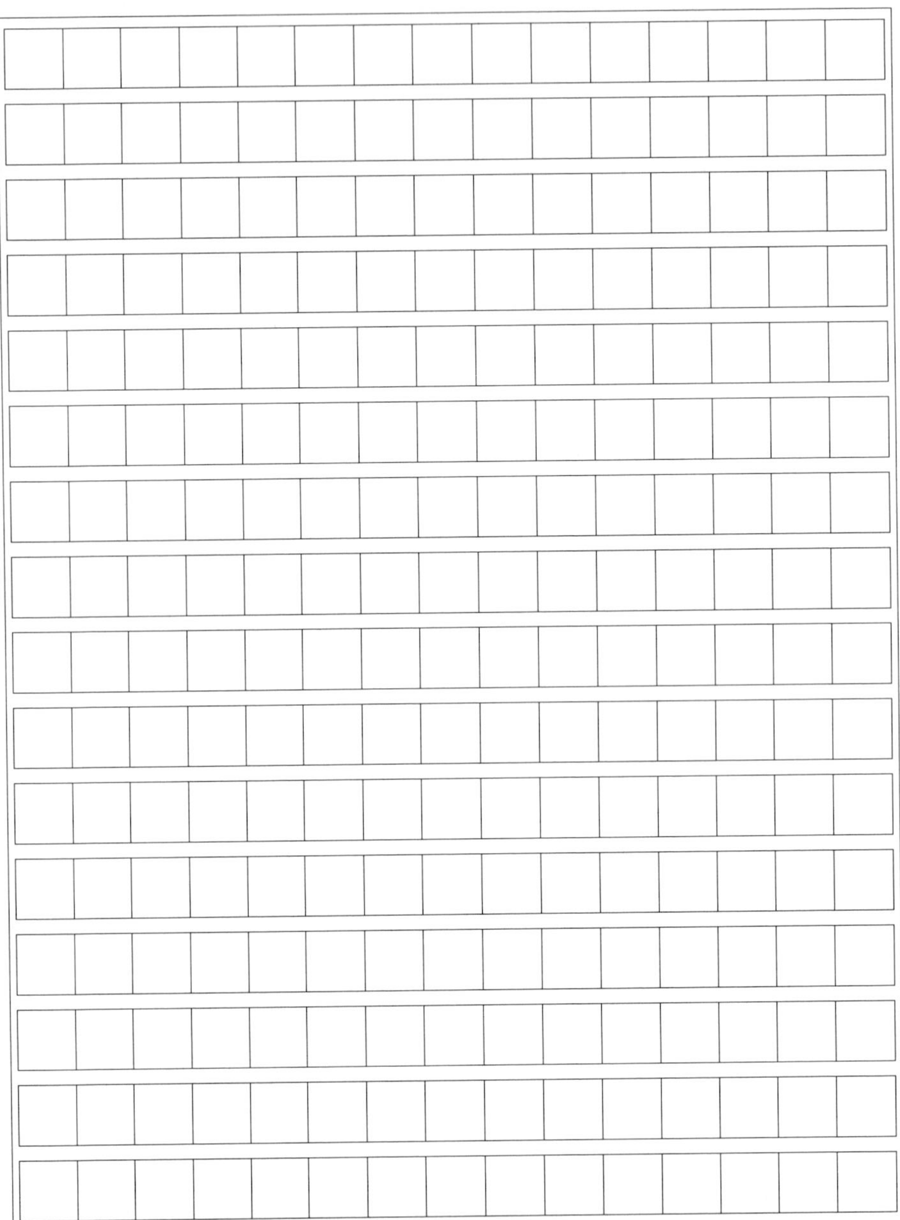

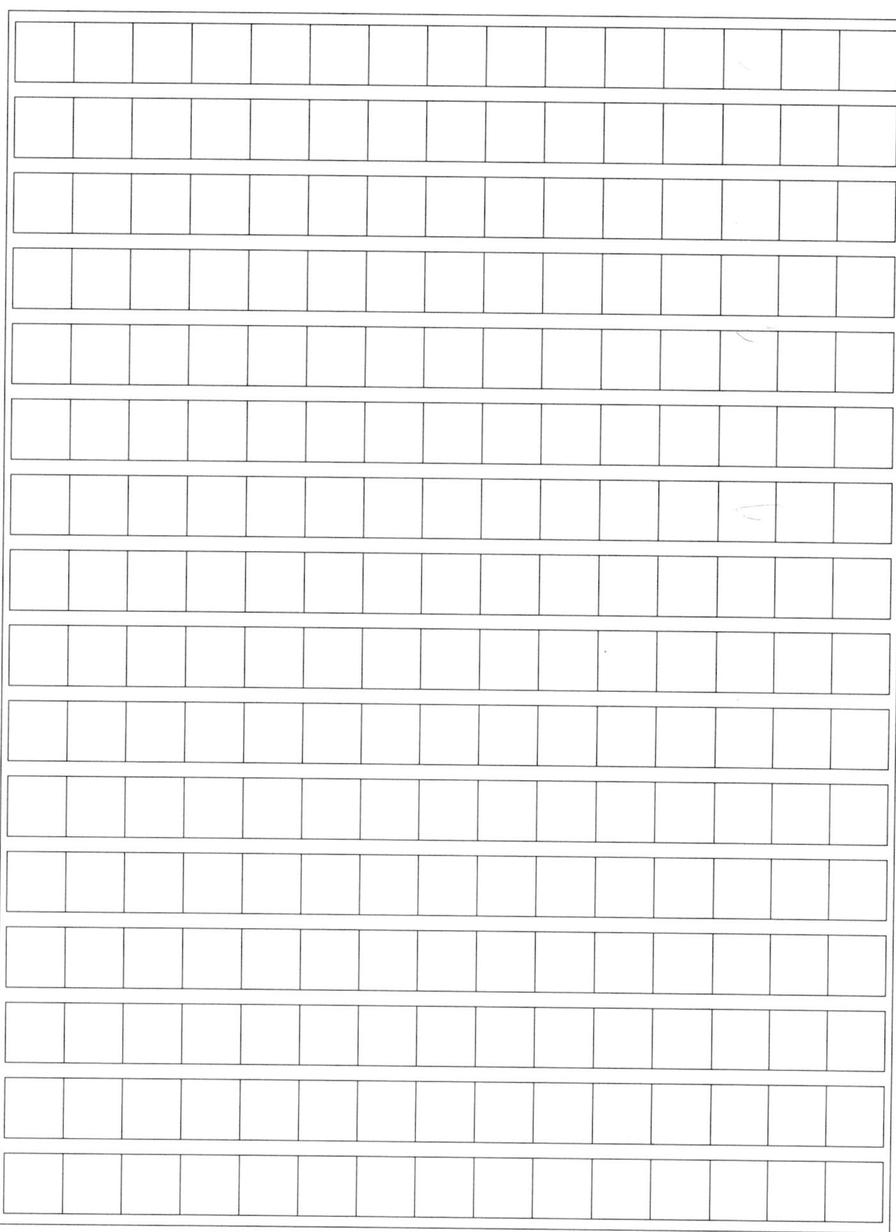